Kinder brauchen Wurzeln und Flügel

Edition Psychologie und Pädagogik

Sigrid Tschöpe-Scheffler

Kinder brauchen Wurzeln und Flügel

Erziehung zwischen Bindung und Autonomie

Matthias-Grünewald-Verlag · Mainz

Ronja, Joana, Johannes, Aljoscha, Phillip
gewidmet

 Der Matthias-Grünewald-Verlag ist Mitglied
der Verlagsgruppe engagement

Die Deutsche Bibliothek – CIP-Einheitsaufnahme

Tschöpe-Scheffler, Sigrid:
Kinder brauchen Wurzeln und Flügel : Erziehung zwischen Bindung
und Autonomie / Sigrid Tschöpe-Scheffler. – Mainz : Matthias-
Grünewald-Verl., 1999
   (Edition Psychologie und Pädagogik)
   ISBN 3-7867-2182-3

Umschlag: Harun Kloppe, Mainz
Satz: Jörg Eckart · DTP Studio Mainz
Druck und Bindung: Fuldaer Verlagsanstalt

ISBN 3-7867-2182-3

Inhalt

Danksagung

Es ist mir ein Anliegen, den Menschen zu danken, die mir in fachlicher und persönlicher Hinsicht bei der Erstellung dieses Buches zur Seite gestanden haben. Mir war es eine Hilfe, dass Kolleginnen, Kollegen und Studierende der Fachhochschule Köln, Fachbereich Sozialpädagogik, Auszüge meines Manuskriptes gelesen und mit mir diskutiert haben. Erwähnen möchte ich insbesondere meinen Kollegen Prof. Dr. Jürgen Fritz, die Studierenden des Seminars „Subjektstellung des Kindes", die Diplomandin Doris König und meine studentische Hilfskraft Valerie Mas, die mir durch ihre kritischen Anregungen dazu verholfen haben, neue Aspekte zu sehen und diese einzubeziehen.

Desweiteren danke ich meiner Freundin Monika Greese, die als Fachberaterin für Kindertageseinrichtungen nicht nur Beispiele aus ihrer Praxis eingebracht, sondern mir auch gute theoretische Hinweise gegeben hat.

Meinem Mann, meinen Eltern, meinen Pflegetöchtern, deren Lebenspartnern, meinen Enkelkindern und meinen Freundinnen und Freunden danke ich für die Erfahrungen, die ich durch sie mit der Entwicklung meiner eigenen Wurzeln und Flügel gemacht habe. Die unterschiedlichen Arten der Beziehungen gaben mir viele Impulse zur Selbstreflexion und Selbsterziehung, nicht immer waren sie konfliktfrei und ohne Auseinandersetzungen und Krisen zu bewältigen, aber sie haben dazu beigetragen, dass ich mich weiterentwickeln konnte.

Vorwort

Eine chinesische Weisheit besagt:
„Wenn die Kinder klein sind, gib ihnen Wurzeln.
Wenn sie groß sind, gib ihnen Flügel."

So las ich es zum ersten Mal auf einer Karte, die mir eine Freundin vor sieben Jahren anlässlich der Geburt unseres ersten Enkelkindes schickte. Eine Zeichnung neben dem Text zeigt einen Baum mit tiefen Wurzeln und einer Baumkrone, die zur Hälfte ein fliegender Vogel ausfüllt.

Ich gab die Karte an die Eltern des Neugeborenen weiter, und wir kamen miteinander ins Gespräch. „Wurzeln", so waren sich die Eltern schnell einig, könnten etwas mit Heimat, Geborgenheit, Liebe und Vertrauen zu tun haben. „Flügel" interpretierten sie als eine Metapher für die Eigenständigkeit und Welteroberung des Kindes, für seine Schritte in die nähere und weitere Umgebung. Noch waren alle mit der Zuordnung einverstanden – Wurzeln für kleine und Flügel für große Kinder.

Doch schon bald, es muss um den ersten Geburtstag des Enkelkindes gewesen sein, entfachte erneut eine Diskussion um das Sprichwort. Der Umgang der jungen Eltern mit dem Säugling ließ sie vielfältige Beobachtungen und Erfahrungen sammeln. Bereits in den ersten Lebenswochen wurden sie mit der zunehmenden Initiative und den unterschiedlichen Aktionen ihrer Tochter konfrontiert. Sie stellten bei ihrem Kind das Bedürfnis fest, seine „Flügel" dem Alter entsprechend benutzen zu können, und zwar im Sinne einer großen Handlungsbereitschaft und Ausdauer, wenn es darum ging, Reize aktiv aufzusuchen oder darauf zu reagieren. Gleichzeitig bemerkten die Eltern natürlich auch den Wunsch des Kindes nach Nähe und Kontakt, besonders dann, wenn es etwas Neues wahrgenommen und sich damit eine Weile befasst hatte, oder wenn es sich in beängstigenden Situationen befand.

Die erste kritische Anfrage der jungen Eltern an die chinesische Weisheit ergab sich aus ihren eigenen Beobachtungen: Bereits vom ersten Lebenstag an hatten sie bei ihrer Tochter wahrgenommen, dass sie nicht nur die Nähe und den Bezug zu den Eltern und der vertrauten Umgebung suchte, sondern sich gleichzeitig auch für Neues und Unbekanntes interessierte. Außerdem überraschte sie ihre Eltern immer wieder mit spontanen Interaktionsaufforderungen. Von daher, so der junge Vater, müsse der Spruch heißen:

„Kinder brauchen Wurzeln und Flügel,
und zwar vom ersten Lebenstag an!"

Er bezog dies vorwiegend auf seine Beobachtung, dass das Kind in dem Wechselverhältnis von Aktion und Reaktion, von Rückzug zum Vertrauten und Hinwendung zum Unbekannten seine ersten wichtigen Lernerfahrungen aufbaut. Eltern müssten dabei sowohl „bergendes Nest" als auch „Flugbegleiter" sein.

So weit die erste Korrektur des Weisheitsspruches.

Eine weitere Überlegung ergab sich aus der Konfrontation der Eltern mit ihrer Tochter, die starke Irritationen hervorrief. Sie selbst begannen, sich mit ihren eigenen existenziellen Sehnsüchten und Wünschen auseinanderzusetzen, mit ihrem Nähebedürfnis und fast gleichzeitig mit ihrem Abgrenzungsbedürfnis, besonders dann, wenn sie wieder einmal eine Nacht nicht durchschlafen konnten und sich durch die Ansprüche ihrer Tochter „genervt" fühlten.

In der Beschäftigung mit dem Kind und in der Auseinandersetzung mit ihren neuen Rollen als Vater und Mutter wurde für sie spürbar, dass der Balanceakt zwischen Wurzeln und Flügeln nicht nur im Hinblick auf die kindliche Entwicklung eine Bedeutung hat, sondern eine lebenslange Aufgabe zu sein scheint.

Im Laufe der ersten Lebensjahre ihrer Kinder tauchen bei vielen Eltern Fragen auf, die sowohl die Entwicklung des Kindes als auch die persönliche Balance von Wurzeln und Flügeln betreffen. Gerade jetzt kann die Frage nach der eigenen Autonomie, besonders für die Hauptbezugspersonen, die tagtäglich mit den Kindern zusammen sind, eine besondere Brisanz bekommen.

- Was ist für unser Kind jetzt „dran", und was sind meine Bedürfnisse als erwachsene Frau, als erwachsener Mann?
- Wann kann ich wieder etwas anderes tun, als mich um das Kind zu kümmern? Wo komme ich mit meinen Wünschen und Sehnsüchten noch vor? Ich habe das Gefühl, „meine Flügel" werden zur Zeit gar nicht genutzt.
- Welche Entwicklungsaufgaben sind in der jetzigen Lebensphase zu bewältigen? Wie gehe ich mit den unterschiedlichen, oft gegensätzlichen Impulsen in mir um und wie verbinde ich das mit den Bedürfnissen des Kindes?
- Wie hängt meine Balance von Wurzeln und Flügeln, Bindung und Autonomie mit der des Kindes zusammen?
- Müssen auch Erwachsene immer wieder neu ihre individuelle Balance der unterschiedlichen Lebensimpulse finden, und werden sie durch das Zusammenleben mit Kindern in besonderer Weise herausgefordert, sich mit ihrer Biografie auseinanderzusetzen?

Unser Erziehungsverhalten wird sehr viel weniger als wir annehmen, durch konkrete Methoden, die rezeptbuchartig umgesetzt werden können, bestimmt, sondern vielmehr durch unsere grundsätzliche Haltung dem Leben, den Mitmenschen und dem eigenen Sein gegenüber.

Somit muss sich eine Thematik, die sich mit der kindlichen Entwicklung von Bindung und Autonomie befasst, notwendigerweise auch damit auseinandersetzen, was das als Aufgabenstellung für die Erwachsenen, die Eltern, Erzieherinnen und Erzieher von Kindern bedeutet. Konkrete Entwicklungsprozesse bei Kindern und Jugendlichen rühren immer eigene Lebensbereiche an. Handelt es sich um „wunde Punkte" oder Persönlichkeitsanteile, die in unserer Biografie ein „Schattendasein" führen, werden wir mit Aggression oder Angst reagieren. Haben wir z.B. selbst Probleme mit Abgrenzung und Autonomie, werden wir die wichtigen Ablösungsversuche der Kinder schnell unterdrücken und dafür genügend normative Erklärungen finden.

Je klarer uns die Zusammenhänge eigener Erfahrungen und der damit verbundenen Gefühle werden, desto besser können wir Kinder als eigenständige Persönlichkeiten wahrnehmen, sie als Experten ihres eigenen Lebens respektieren und auf sie eingehen.

Von daher gehört die Selbstreflexion (und Selbsterziehung) der Erwachsenen zum Erziehungsprozess und soll darum auch thematisiert werden.

I Balance zwischen Bindung und Autonomie, Wurzeln und Flügeln

Interessiert hörte ich vor einiger Zeit einem Freund zu, der von einer Bergtour zurückkam und erzählte, wie er die ersten Flugversuche eines Adlerjungen über mehrere Tage hinweg beobachten konnte:

„Mit einem kleinen Stoß wird das Junge aus dem Nest geworfen, segelt hilflos umher, sinkt, beginnt zu fallen und versucht, sich durch Flattern auf der Höhe zu halten. Gleichzeitig fliegt die Adlermutter unter dem Jungen her, sodass es weich in ihr Gefieder sinken könnte, falls es abzustürzen droht. Das Fliegenlernen entwickelt sich aus einem subtilen Zusammenspiel zwischen der Adlermutter und ihrem Jungen. Anfangs kehrt der kleine Adler immer wieder zur Mutter oder in sein Nest zurück, aber je kräftiger seine Flügelschwingen werden, desto weiter entfernt er sich von seinem Nest. Irgendwann, sehr bald schon, fliegt die Mutter nicht mehr unter ihm her, und der Adler bricht mit einem lauten Schrei in die Weite auf."

Das Gefühl von Sicherheit, gepaart mit der unbändigen Neugier auf das Leben, scheinen die Voraussetzungen dafür zu sein, dass das Adlerjunge lernen kann, selbstständig zu werden.

Ich stelle mir die Szene vor und versuche sie auf die menschliche Entwicklung zu übertragen. Dabei kommen mir einige Fragen:

- Welche Art von „Nesterfahrung" benötigt ein Mensch?
- Wie und wo lernt ein Kind, seine „Flügel" zu benutzen? Was ermöglicht, was verhindert das „Flüggewerden"?
- Beheimatung und Sicherheit (Wurzeln) einerseits, Freiheit, individuelles Wachstum und Lebenswelterkundung (Flügel) andererseits – wie hängt beides in unserer menschlichen Entwicklung zusammen? Wann brauchen wir das eine, wann das andere? Entwickelt sich möglicherweise erst eins aus dem Anderen?
- Welche Rolle spielen in dieser Dynamik die Eltern, die Freunde, der Kin-

dergarten, die Schule? Und welche Funktion hat dabei die Eigenaktivität des Kindes?

- Welchen Einfluss auf die Selbstwerdung des Kindes hat die Lebensumwelt, haben Räume und Zeiten, die für seine Entwicklung zur Verfügung stehen?
- Wie gehen Eltern und Erzieher damit um, dass sie vom Kind einmal gebraucht und dann wieder nicht gebraucht, ja sogar weggeschoben werden? Wie leben sie selbst mit der Spannung von Nähe und Distanz, die sie nicht nur in ihrer Beziehung zum Kind wahrnehmen?
- Wie verwirklichen Erwachsene ihre eigenen Bedürfnisse nach Zuwendung und Freiraum, nach Bindung und Autonomie?
- Wie viel Sicherheit und Geborgenheit müssen Eltern in ihrem Leben erfahren haben, und welche Bedeutung haben ihre eigenen geglückten oder misslungenen Erfahrungen mit dem Gebrauch ihrer Wurzeln und Flügel, um Kinder bei deren Entwicklung zu unterstützen?

Um ein erstes Verständnis für die Metapher von Wurzeln und Flügeln zu bekommen, möchte ich im Folgenden von einem Seminar mit sozialpädagogischen Fachkräften berichten.

1.1 Nicht nur Kinder brauchen Wurzeln und Flügel

In einem Seminar mit Sozialpädagoginnen und Sozialpädagogen zum Thema *„Kinder und Erwachsene brauchen Wurzeln und Flügel"* tauchten die oben genannten Fragestellungen alle auf.

Eine Fantasiereise zu Beginn unseres Seminars zu dem, was wir als Wurzeln wahrnehmen und zu dem, was unsere Flügel sein könnten, leitete zu eigenen Erfahrungen hin. Interessant waren die sehr unterschiedlichen Bilder und Assoziationen, die, wie sich im Verlauf des Seminars herausstellte, fast alle biografisch motiviert waren.

Assoziationen zu Wurzeln waren z.B.:
- Ich habe tiefe Wurzeln, aber ich sehe, dass sie vertrocknet sind. Wo ist meine Heimat?

- Ich stehe so sehr mit beiden Beinen auf der Erde, dass ich mich nicht mehr fortbewegen kann. – Ich bin unflexibel geworden.
- Meine Eltern, meine Familie sind meine Wurzeln.
- Ich sehe einen Baum, die Wurzeln kann ich nicht erkennen, sie sind unter der Erde, der Baum gefällt mir – ich glaube, es ist ein Kirschbaum.
- Seitdem ich wieder alleine lebe, fühle ich mich wurzellos, heimatlos – habe ich denn keine Wurzeln in mir?
- Ich sehe einen kleinen Vogel, der fliegen möchte, aber nicht so richtig von der Stelle kommt, weil seine Beine lange, schwere Wurzeln sind. Meine Wurzeln hindern mich daran zu fliegen.

Assoziationen zu Flügeln:
- Mir fällt das Lied ein: … der dich auf Adelers Fittichen sicher geführt!
- Ich sehe einen großen Vogel, der hoch in die Lüfte fliegt.
- Mein Baum hat eine große Krone, die aussieht wie breite Schwingen. Sie können sich in einem relativ großen Radius bewegen, aber nicht überall hinfliegen.
- Mein Schmetterling hat bunte Flügel, flattert von Blume zu Blume und ist sehr zerbrechlich.
- Ich fühle mich wie eine Möwe, die abhängig ist von den Windverhältnissen und mit vielen anderen Möwen am Meer lebt.
- Ein kleiner Vogel sitzt in einer geschlossenen Hand. Er wird daran gehindert zu fliegen. Mein Bild macht mich traurig.

Die inneren Bilder gaben einen ersten Anstoß, über die eigene Entwicklung im Hinblick auf Bindung und Autonomie nachzudenken und sich darüber auszutauschen.

In einem zweiten Schritt wurden verschiedene Fallbeispiele aus der pädagogischen Praxis vorgestellt. Es wurden Zusammenhänge erkannt mit eigenen Verletzungen und Ängsten oder erlebten Freiräumen und mit konkreten Reaktionen in der Rolle als Erzieherin und Erzieher.
- Warum fällt es mir so schwer, die Kinder im Außengelände alleine spielen zu lassen, während meine Kolleginnen sehr viel weniger Ängste ha-

ben, dass ihnen etwas passieren könnte. (Thema: festhalten und loslassen)

- Was ist mit dem Recht des Kindes auf eigene Erfahrungen und welche Rolle spielt dabei meine eigene Angst?
- Wieso können sich die Kinder bei der Kollegin eigenständig anziehen und sogar die Schuhe zubinden, während sie bei mir so tun, als hätten sie das nie gelernt und wieder Baby spielen? (Thema: Unterstützung oder Verhinderung der kindlichen Autonomie)
- Warum zeige ich so wenig Mitgefühl, wenn Kinder traurig sind und weinen? Warum fällt es mir schwer, sie in den Arm zu nehmen und sie zu trösten? Statt die Trauer auszuhalten, appelliere ich an ihre Vernunft und verteile „Kopf-hoch-Sätze".

Anhand der ganz unterschiedlichen Beispiele tauchte immer wieder die Frage auf, welche Bedeutung eine hinreichend gute eigene Balance von Bindung und Autonomie für den Umgang mit den Bedürfnissen der Kinder nach Beheimatung und Welteroberung haben könnte.

Eine Teilnehmerin drückte es sehr deutlich aus: „Angst und nichtbewältigte Trauer im eigenen Leben sind genauso ansteckend wie die Freude am Leben. Und wenn ich Angst davor habe, meine persönlichen Freiräume zu nutzen, werde ich auch dem Kind wenig Möglichkeiten lassen, sich auf Welteroberung zu begeben. Schon der Gedanke daran, was ihm auf dem Weg zum Spielplatz alles passieren könnte, wird mich nicht zur Ruhe kommen lassen. Beim nächsten Mal lasse ich mein Kind gar nicht mehr alleine aus dem Haus. Habe ich mich aber als Kind und Jugendliche erproben können und dabei Lebenslust und Lebensfreude gespürt, werde ich meine Angst um mein Kind eher aushalten können. Ich werde die Entwicklungsschritte des Kindes wohlwollend unterstützen, und ihm so das Recht auf eigene positive und negative Erfahrungen lassen."

Eine andere Teilnehmerin bemerkte, dass es mit der Bindungserfahrung im eigenen Leben ähnlich sei: „Habe ich selbst nur ambivalente Erfahrungen mit Liebesbeziehungen machen können, wird es mir schwer fallen, verlässliche Bindungen einzugehen. Die Sehnsucht nach einem Menschen, mit dem ich alles teilen kann, wird mich vielleicht dazu treiben, das Kind für die Bedürfnisbefriedigung eigener Wünsche zu gebrauchen. Ein Kind, das ich in die Rolle des Trösters, Partnerersatzes, Liebesobjektes mit mütterlichen Funktionen presse, wird seine individuellen Lebensmöglichkeiten kaum entwickeln können."

Kinder sind in ihrer Entwicklung auf unsere Unterstützung, Begleitung und auf Schutz angewiesen. Sie bedürfen der Liebe und der Geborgenheit und müssen darauf vertrauen, dass Erwachsene dieser Aufgabe gerecht werden.

„Erziehe dich selbst, bevor du Kinder zu erziehen trachtest", so formulierte es Janusz Korczak, der polnische Arzt, Waisenhausvater und Pädagoge – eine radikale Forderung. Zumindest aber, so möchte ich seinen Anspruch etwas relativieren, ist die *Selbsterkenntnis* eine nicht unwesentliche Voraussetzung dafür, Kinder zu erziehen. Selbsterkenntnis beginnt mit der *Selbstwahrnehmung*. Als Erzieherinnen und Eltern haben wir die große Chance, von unseren Kindern einen Spiegel vorgehalten zu bekommen. Nehmen wir das Angebot zur Selbstreflexion an, dann könnten wir erkennen, welche Grundimpulse wir aus Angst, aus Gewohnheit oder aus „Wohlerzogenheit" in unserem Leben unterdrückt haben.

- „Das tut man nicht! Das darfst du noch nicht einmal denken, geschweige denn tun! Lass das! Sei nicht so aggressiv!"

Als Kinder haben wir solche Sätze vielleicht gehört, sie hingenommen oder dagegen rebelliert. Wenn wir sie jetzt entweder unreflektiert an unsere Kinder weitergeben oder sie ermuntern, genau das Gegenteil von dem zu tun, was wir damals nicht durften, verhindert das unsere sensible Wahrnehmung darauf, was das Kind als einmaliges Individuum sagen oder zeigen will und jetzt braucht.

Aber wie sollen wir die Bedürfnisse von Kindern wahrnehmen können, wenn es uns oft schwer fällt, unsere eigenen Bedürfnisse zu spüren, und wir den Zugang zu dem Kind, das wir einmal waren, verloren haben.

„Leg dir Rechenschaft darüber ab, wo deine Fähigkeiten liegen, bevor du damit beginnst, Kindern den Bereich ihrer Rechte und Pflichten abzustecken. Unter ihnen allen bist du selbst ein Kind, das du zunächst einmal erkennen, erziehen und ausbilden musst. Es ist einer der bösartigsten Fehler anzunehmen, die Pädagogik sei die Wissenschaft vom Kind und nicht zuerst die Wissenschaft vom Menschen."[1]

Wenn wir dieses Zitat des polnischen Pädagogen Janusz Korczak ernst nehmen, müssten wir im Umgang mit Kindern unsere „Wahrnehmungsantennen" mindestens nach drei Seiten hin ausrichten:

- *auf das Kind vor uns*
- *auf uns selbst mit unseren Erwachsenenbedürfnissen*
- *auf die Bedürfnisse unseres inneren Kindes, das wir einmal waren und immer noch in uns tragen.*

Je mehr wir diese Sensibilisierung in dreifacher Hinsicht erlernen, desto besser können wir zwischen unseren Fähigkeiten und Fertigkeiten, Bedürfnissen, Lebensimpulsen und Sehnsüchten und denen des Kindes unterscheiden.

Die genaue *Wahrnehmung und Selbstreflexion*, verbunden mit vielen *Fragen*, die immer wieder auch unsere eigene Identität betreffen, wären somit ein fortlaufender Bestandteil des Erziehungsprozesses.

- Wer bin ich? Was brauche ich, was erwarte ich vom Leben?
- Wer ist dieses Kind vor mir? Was braucht es, was erwartet es von mir?
- Was kann ich ihm geben? Was bleibe ich ihm schuldig? Was darf ich mir von ihm schenken lassen und wo überfordere ich es?
- Wie viel ungelebte Sehnsucht nach Geborgenheit, Heimat und Wurzeln, aber auch nach Selbstentfaltung, Ichwerdung und Flügeln trage ich in mir? Welche Impulse drängen bei mir danach, gelebt zu werden? Welche Bedürfnisse blieben in meinem Leben bislang unbefriedigt?
- Wie gehe ich mit den bisher ungelebten Anteilen meiner Person um? Übertrage ich Ungelebtes auf meine Kinder oder auf andere Menschen, die stellvertretend das verwirklichen sollen, was mir selbst schwer fällt? Versuche ich, bei anderen Menschen das zu unterdrücken, was ich selbst (noch) nicht leben kann? Oder schaffe ich es, immer wieder einmal mit meiner Sehnsucht Kontakt aufzunehmen?

[1] Korczak, J.: Wie man ein Kind lieben soll, 1967, S. 156

- Wie kann ich Gegensätze in mir wahrnehmen, den unterschiedlichen Entwicklungsimpulsen folgen und Ungelebtes lebendig werden lassen?
- Sind Gebote und Verbote, Einschränkungen und Erwartungen an Kinder von eigenen ungelebten Sehnsüchten und bis in die Kindheit reichenden vernachlässigten persönlichen Entwicklungsbedürfnissen bestimmt?
- Welche Bedürfnisse haben Kinder in ihren unterschiedlichen Entwicklungsphasen? Wie lerne ich wahrzunehmen, was ihre Bedürfnisse und was meine eigenen Anteile sind?
- Was kann ich tun und was muss ich lassen, damit Kinder zu ihrem Recht auf individuelle Entwicklung kommen?

1.2 Grundbedürfnisse und Grundmuster menschlichen Verhaltens

Es gibt viele psychologische Erkenntnisse, die auf Grund einschlägiger Forschungsergebnisse sehr gut dokumentieren, welche existenziellen Bedürfnisse befriedigt werden müssen, damit Menschen ein erfülltes, selbstverwirklichtes und damit zufriedenes Leben führen können.
Im Folgenden möchte ich zwei solcher Theorien vorstellen und sie miteinander verknüpfen und erweitern.

1.2.1 Grund- und Wachstumsbedürfnisse des Menschen

Ein Erklärungsmodell wurde von dem Psychologen Maslow[2] in Form einer *Bedürfnispyramide* entwickelt.
Abraham Maslow ist ein Vertreter der humanistischen Psychologie, die als eine dritte Richtung neben dem Behaviorismus und der Psychoanalyse nicht nur in den USA Bedeutung erlangt hat und in den 60er-Jahren entstanden ist.
Der Grundgedanke der humanistischen Psychologie liegt darin, die

---

[2] Maslow, A.H.: Motivation und Persönlichkeit, 1978

menschlichen Selbstentfaltungspotenziale zu unterstützen, z.B. seine Fähigkeiten zum schöpferischen Tun ebenso wie seine Möglichkeiten zum abstrakten Denken, seine Gewissensentwicklung und sein Urbedürfnis nach Spiritualität. Dabei wird der Mensch ermutigt, seine Mitverantwortung und Beteiligung an seinem eigenen Leben und der Weltgestaltung zu erkennen und wahrzunehmen.

Im Mittelpunkt steht die Frage nach den elementaren Bedürfnissen des Menschen mit dem Ziel ihrer individuellen Selbstverwirklichung.

Maslow definiert dieses Selbstverwirklichungsbedürfnis „... als fortschreitende Verwirklichung der Möglichkeiten, Fähigkeiten und Talente, als Erfüllung einer Mission oder einer Berufung, eines Geschicks, eines Schicksals, eines Auftrags, als bessere Kenntnis und Aufnahme der eigenen Natur, als eine ständige Tendenz zur Einheit, Integration oder Synergie innerhalb der Persönlichkeit."[3]

Das harmonische Zusammenwirken einzelner Persönlichkeitsanteile (wie z.B. Bindungs- und Autonomiebedürfnisse) stellt dabei eine Art Höhepunkterfahrung dar, die der Mensch immer wieder aufsuchen und herstellen möchte. Für Maslow ist demnach die Selbstverwirklichung der persönlichen Potenziale und Möglichkeiten ein hoher menschlicher Wert.

Destruktivität, Gewalt und Zerstörung hingegen sind nach Maslow heftige Reaktionen des Menschen auf elementare Frustrationen der tiefsten Lebensbedürfnisse, auf Behinderungen seiner Emotionen und Fähigkeiten.

Er geht davon aus, dass Krankheiten und Verhaltensabweichungen die Folgen von Unterdrückung des ursprünglichen Wesenskerns eines Menschen seien.

Menschen, deren Grundbedürfnisse insbesondere in den ersten Lebensjahren ausreichend befriedigt wurden, „... scheinen außergewöhnliche Kräfte des Widerstands gegen gegenwärtige oder künftige Frustrationen dieser Bedürfnisse zu entwickeln, einfach weil sie eine gesunde, starke Charakterstruktur als Folge der Grundbefriedigung aufweisen. Es handelt sich um

---

[3] Maslow, A.H., zitiert in: Thomas, R., Feldmann, B.: Die Entwicklung des Kindes, 1989, S. 240f

starke Menschen, die Meinungsverschiedenheiten oder Oppositionen leicht ertragen, die gegen den Strom der öffentlichen Meinung schwimmen und für die Wahrheit auf große persönliche Kosten geradestehen können."[4] Maslow plädiert für direkte und frustrationsfreie Bedürfnisbefriedigung, insbesondere in der Zeit der kindlichen Entwicklung. Werden die Kinder älter, ist es Aufgabe der Erwachsenen, ihnen eine Umgebung zu bereiten, in der es ihnen möglich wird, für die Erfüllung ihrer Bedürfnisse zunehmend selbst zu sorgen. Nur so können sie von den Erwachsenen unabhängiger werden. Menschen sind aber ihren Sozialisationsbedingungen und den Erziehungsbemühungen der Erwachsenen nicht *nur* ausgeliefert, sondern sie besitzen einen elementaren Selbstentfaltungswillen, der ihnen dazu verhilft, sich trotz widriger Lebensumstände immer wieder auf die Suche nach ihrem eigentlichen Wesen, ihrem individuellen Sein zu begeben. Die menschlichen Bedürfnisse sind auf unterschiedlichen Ebenen hierarchisch angeordnet. Sind Bedürfnisse der unteren Ebene weitgehend gestillt, tauchen Bedürfnisse der nächsthöheren Ebene auf, mit deren Erfüllung sich das Individuum folgerichtig auseinanderzusetzen hat.

Maslow macht an einem Zahlenbeispiel deutlich, dass er nicht an ein Ideal hundertprozentiger Bedürfnisbefriedigung denkt, damit ein Mensch sich harmonisch entwickeln kann. So z.B. befriedigt ein durchschnittlicher amerikanischer Bürger des Mittelstandes seine physiologischen Bedürfnisse zu 85%, sein Sicherheitsbedürfnis zu 70%, sein Liebesbedürfnis zu 50%, sein Bedürfnis nach Selbstachtung zu 40% und sein Bedürfnis nach sinnvollem Tun und Selbstentfaltung vielleicht nur zu 10%.[5]

Interessant scheint mir die Erkenntnis, dass viele Menschen vor allem darum nicht in der Lage seien, ihr Selbstentfaltungspotenzial hinreichend gut zu nutzen, weil sie unentwegt damit beschäftigt sind, die Bedürfnisse der unteren Hierarchie zu stillen. Wer auf den unteren Stufen „hungrig" bleibt, nicht nur in Bezug auf Ernährung, Schutz, Bewegung und Ruhe, sondern auch im Hinblick auf Liebe, Anerkennung und Geborgenheit, dem fällt es

[4] Maslow, A.H.: Motivation und Persönlichkeit, 1978, S. 97/98
[5] vgl. Maslow, A.H., a.a.O., S. 99

schwer, sich auf seine weiteren Potenziale konzentrieren zu können. Ist er doch vorwiegend damit beschäftigt, physiologisch oder emotional „satt" zu werden.

Unterschieden werden bei Maslow vier Grundbedürfnisse und drei Wachstumsbedürfnisse. Die Grundbedürfnisse verteilen sich auf vier Ebenen:

Als Basis bezeichnet er die elementaren physischen Grundbedürfnisse nach Nahrung, Schlaf, Bewegung, Ausscheidung, Hygiene, Wärme, Sexualität etc.

Die nächsten drei Stufen haben im weitesten Sinn mit Zuwendung, Nähe und Geborgenheit, Respekt, Schutz, Sicherheit und Kontinuität in physischer, emotionaler und sozialer Hinsicht zu tun.

Sie könnten wir dem Bild der *Wurzeln* zuordnen.

Die nächsten drei Bedürfnisse haben mit der Eigenständigkeit der Person, ihrer Ichentwicklung, Autonomie und Sinnorientierung zu tun, sie würde ich mit der Metapher der *Flügel* verbinden. Nach Maslow handelt es sich hier um Wachstumsbedürfnisse, die ein Streben nach Ganzheit, Vollkommenheit, Erfüllung, Gerechtigkeit, Lebendigkeit, Schönheit und Wahrheit beinhalten. Dabei geht es in erster Linie um die Selbstentfaltung des Menschen, darum, das zu werden, was dem innersten Entwurf eines Individuums entspricht.

Während die Bedürfnisse auf den unteren Stufen bis zu einem Minimum befriedigt werden müssen, damit überhaupt ein Entwicklungsinteresse für die nächst höhere Stufe besteht, können die Bedürfnisse der oberen Ebenen eher einen Aufschub ertragen, bzw. auch nur teilweise eine Befriedigung erfahren, ohne dass sich gravierende existenzielle Störungen der Persönlichkeit zeigen. Sind allerdings die physiologischen Bedürfnisse und das Schutz- und Nähebedürfnis in den ersten Lebensjahren gravierend gefährdet, kann das nach einer Zeit der Vernachlässigung zum Tod oder zu schweren psychosomatischen Erkrankungen führen.

Je höher die Ebene der Pyramide, desto eher ist es dem Individuum möglich, im Laufe der Entwicklung durch Aktivierung seiner Selbstentfaltungspotenziale eine hinreichend gute Befriedigung selbst zu initiieren.

7.	Sinnorientierung, sinnvolles Tun
6.	Selbstverwirklichung, persönliche Weiterentwicklung
5.	Unterstützung des Neugierverhaltens Spielen und Lernen
4.	Respekt und Achtung
3.	Zugehörigkeit zu einer sozialen Einheit
2.	Emotionales Sicherheits- und Schutzbedürfnis
1.	Physiologische Bedürfnisse, wie z.B. Nahrung, Ausscheidung, Schlaf- und Wachrhythmus, Wärme, Bewegung, Sexualität

Bedürfnispyramide[6]

1.2.2 In Polaritäten leben

So übersichtlich und hilfreich die Darstellung einer Bedürfnispyramide ist, hat sie doch einen Nachteil, der darin begründet liegt, dass sie Entwicklungsprozesse eher statisch beschreibt.

Um deutlich zu machen, dass es in der Entwicklung immer auch um eine Balance verschiedenartiger Impulse geht, möchte ich im Folgenden in Anlehnung an Fritz Riemanns tiefenpsychologische Studie „Grundformen der Angst"[7] dessen Aufbau von jeweils zwei bipolaren Grundstrukturen menschlichen Verhaltens darstellen und versuchen, diese mit dem Maslowschen Modell zu verbinden. Die Grundimpulse, die Riemann aufzeigt, decken sich weitgehend mit den Stufen der Bedürfnispyramide, oder anders

---

[6] Diese Bedürfnispyramide ist in Anlehnung an die Maslowsche Bedürfnispyramide entstanden und erweitert worden, vgl. hierzu: Maslow, A.H.: Motivation und Persönlichkeit, 1978, 2. Aufl., vgl. auch: Schmidtchen, S.: Kinderpsychotherapie – Grundlagen, Ziele, Methoden, 1989

ausgedrückt, diese lassen sich in den von ihm genannten Polaritäten wiederfinden.

Fritz Riemann vergleicht die gegensätzlichen menschlichen Bestrebungen mit den Gesetzmäßigkeiten im Weltall: So umkreist die Erde die Sonne und bewegt sich gleichzeitig um ihre eigene Achse. Diese beiden Bewegungsformen der Umwälzung und der Eigendrehung werden durch zwei andere gegensätzliche, sich ergänzende Impulse erst möglich, durch die Schwerkraft und die Fliehkraft. Während die Schwerkraft die Welt nach innen zusammenhält, strebt die Fliehkraft nach außen. „Nur die Ausgewogenheit dieser vier Impulse garantiert die gesetzmäßige, lebendige Ordnung, in der wir leben, die wir Kosmos nennen. Das Überwiegen oder das Ausfallen einer solchen Bewegung würde die große Ordnung stören, bzw. zerstören und ins Chaos führen."[8]

Das Polaritätsprinzip ist aber nicht nur eine Gesetzmäßigkeit des Weltalls, sondern in allen lebendigen Vorgängen und somit auch in den menschlichen Entwicklungsprozessen zu finden.

Auch im *körperlichen* Bereich leben wir diese Polaritäten, ohne dass sie uns besonders bewusst werden: z.B. beim Ein- und Ausatmen, im Tag- und Nachtrhythmus durch Wachen und Schlafen, durch Ruhe und Aktion, durch Nahrungsaufnahme und Ausscheidung. Erst wenn sich Störungen einstellen, werden uns diese Vorgänge bewusster: Wenn wir z.B. einige Nächte hintereinander nicht geschlafen haben, hat das eine unangenehme Wirkung auf unser Lebensgefühl in den nächsten Tagen. Wir sind bestrebt, den Schlaf nachzuholen, um uns wieder wohl zu fühlen. Keiner käme auf die Idee, über einen langen Zeitraum die Luft anzuhalten oder nur einzuatmen, es sei denn, wir hätten unseren natürlichen Zugang zu den lebendigen körperlichen Vorgängen verloren und das gesunde Wechselspiel der Polaritäten unterbrochen.

Wie der physische, so ist auch der psychische Organismus davon abhängig, dass die Gegenpole in einem Wechselverhältnis stehen, sich ergänzen,

[7] Riemann, F.: Grundformen der Angst, Eine tiefenpsychologische Studie, 1961
[8] Riemann, F., a.a.O., S. 11

austauschen und sich aufeinander beziehen. Gegensätzlich angeordnete Grundemotionen oder Motivationen sind zum Beispiel:

- Liebe – Hass,
- Trauer – Freude,
- Bindung – Autonomie,
- Nähe – Abgrenzung,
- Tätigkeitsdrang – Ruhebedürfnis.

Erst ein Leben in einem immer währenden Wechselverhältnis macht den dynamischen Energiestrom aus, der dazu verhilft, dass Entwicklung und Wachstum möglich werden.

Riemann überträgt die kosmischen Gesetzmäßigkeiten auf die menschliche Entwicklung und kommt dabei zu *vier Grundimpulsen*, die er als gegensätzliche Spannungsverhältnisse darstellt:

Dabei entspräche der *Impuls zur Ichwerdung* der Eigenrotation der Erde, die Bewegung der Erde um die Sonne wäre analog zu sehen zu der Forderung, sich *als Individuum in ein größeres soziales Gefüge einzuordnen*. Der Schwerkraft entspräche unser *Bedürfnis nach Dauer*. Schließlich wäre die Fliehkraft analog zu dem Impuls, der uns zur *Veränderung und Wandlung* verhilft, zu sehen. Die kosmischen Ordnungen, in denen wir leben, sind uns wenig bewusst und doch existieren sie.

Handeln wir im individuellen Bereich über einen langen Zeitraum gegen diese polaren Gesetzmäßigkeiten, so führt dies nach Riemann zu seelischen Beeinträchtigungen und psychosomatischen Erkrankungen. Fast alle Störungen haben mit der Unterbrechung der Energie der Polaritäten zu tun. Das geschieht dann, wenn bestimmte wesentliche Eigenschaften der Person nicht gelebt, ja nicht einmal als zum Individuum zugehörig gedacht oder gefühlt werden dürfen.

Riemanns Modell diente in erster Linie der Charakteristik von Krankheitserscheinungen, die dann auftreten, wenn das Individuum seine Grundimpulse nicht in dynamischer Ausgeglichenheit zu leben vermag. In unserem Zusammenhang möchte ich die bipolaren Bedürfnisse menschlichen Seins darstellen, um deutlich zu machen, dass es eine Lebensaufgabe ist, die gegensätzlichen Kräfte zu akzeptieren und mit ihnen leben zu lernen.

- **Ichwerdung**

Jeder Mensch möchte als einmaliges Individuum wahrgenommen werden und leben. Wir streben danach, unseren eigenen Sinn (Eigen-sinn) in diesem Leben zu erkennen, zu bejahen und uns gegenüber anderen Individuen abzugrenzen.

- **Hingabe an das Leben**

Gleichzeitig öffnen wir uns dem Leben, den Mitmenschen, der Welt. Wir lassen uns auf andere Menschen und die Welt ein, suchen Kommunikation und Interaktion.

Aus diesen beiden Grundimpulsen menschlichen Seins ergibt sich die Spannung zwischen Ich und Du, Innen und Außen, Eigenem und Fremdem, *Nähe und Distanz, Bindung und Autonomie.*

Die nächsten beiden Grundimpulse beziehen sich auf die Grundbedürfnisse nach

- *Kontinuität und Stabilität* einerseits,
- *Wandlung und Veränderung* andererseits.

Bei den beiden letztgenannnten geht es darum, sich sowohl häuslich in der Welt niederlassen zu können, als auch bereit zu sein, Veränderungen und Wandlungen zu akzeptieren und Sicherheiten und Vertrautes zu Gunsten neuer Entwicklungen aufgeben zu können.

Bei Riemann bilden diese Grundimpulse ein System, das bestrebt ist, die Gegensätze in lebendiger Balance zu halten.

Lebensgeschichtlich gesehen ist der Mensch langfristig bestrebt, einen Ausgleich der gegensätzlichen Impulse herzustellen.

Entwicklungs- und persönlichkeitsfördernde Möglichkeiten für einen Ausgleich hat ein Individuum am ehesten dann, wenn es bereits in den ersten Lebensjahren gelernt hat, mit seinen unterschiedlichen, oft ambivalenten Bestrebungen umzugehen und Bewältigungskompetenzen für krisenhafte Lebensverhältnisse entwickeln konnte. Je weniger positive, entwicklungsunterstützende Erfahrungen, vor allen Dingen in den ersten Lebensjahren, mit Bindung und Autonomie, mit Kontinuität und Veränderung erlebt wurden, desto schwieriger wird es, aus eigener Kraft eine Balance herzustellen.

Den Anfangsjahren der Entwicklung gebührt daher eine hohe Aufmerksamkeit.

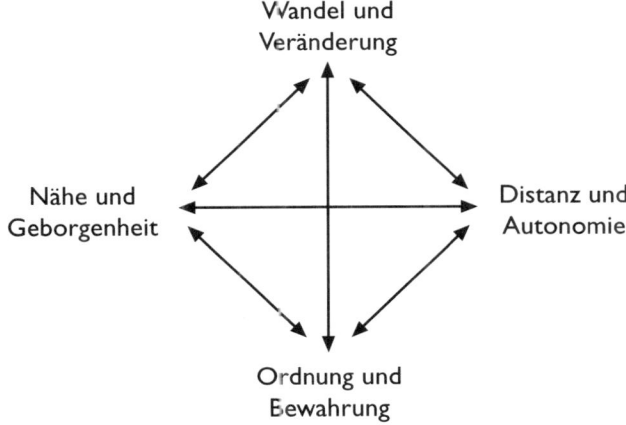

(Diese Grafik ist, ebenso wie die nachfolgenden, entnommen aus: Langmaaack, B./Braune-Krickau, M.: Wie die Gruppe laufen lernt, S. 115ff)

Wie eine solche Balance in einem Nacheinander und Nebeneinander gelebt werden kann, möchte ich an folgendem Beispiel darstellen:

1.2.2.1 Versöhnte Verschiedenheit oder: Was weiß Ikarus?

• • • Frau E. beginnt mit 42 Jahren, nachdem ihre Kinder eigene Wege gehen, noch einmal ein Studium. Sie erfüllt sich damit einen lang gehegten Wunsch. Nach 8 Semestern beginnt sie mit ihrer Diplomarbeit und schließt diese erfolgreich ab. Rückblickend versteht sie ihr Leben als ein Wechselspiel der Polaritäten, als ein Nach- und Nebeneinander von Wurzel- und Flügelerfahrungen.

Sie berichtet mir von einer Ausstellung in ihrem Heimatort. Ein Kunstwerk hat sie besonders angesprochen, und in einer Metapher macht sie ihr Lebensgefühl deutlich:

In der Kirche neben der Kanzel befand sich ein überdimensional großer Flügel, mit Greifvogelfedern bestückt, der dort abgestürzt zu sein schien. Frau E. erzählt, dass sie sich zu diesem Kunstobjekt, Ikarus genannt, hingezogen fühlte.

Ihre eigene Entwicklung, in der sie durch das Studium mit neuen Menschen, unbekannten Themen, konfliktreichen Erfahrungen konfrontiert wurde, hatte sie, wie Ikarus, nah an die Sonne herangeführt. Sie hatte Grenzüberschreitungen gewagt, Auseinandersetzungen und Abgrenzungsgespräche mit ihrem Mann geführt, der das Studium seiner Frau als Bedrohung für das Familienleben erlebte. Daraus ging sie oft erschöpft und kraftlos hervor.

Nun fand sie sich, zum Abschluss ihres Studiums, in einer Kirche neben Ikarus wieder.

Im Zwiegespräch mit Ikarus wurde ihr das Wechselspiel zwischen ihren „Wurzeln" und ihren „Flügeln" klarer.

Den Mut zu haben, neue Möglichkeiten ihres Lebens zu ergreifen, das Wagnis einzugehen, sich auf Unbekanntes einzulassen, innere und äußere Grenzüberschreitungen zu erproben – all das war ihr nur möglich, weil sie, wie sie sagt, von einem sicheren inneren und äußeren Ort aus starten und dorthin zurückkehren konnte. Heimat und Wurzeln sind für sie dort, wo es vertraute Menschen, Räume und Zeiten gibt, wo sie Kontinuität, Stabilität und Alltagsstruktur erfährt. Hier darf sie bedingungslos sein. Hier kommt sie zu sich, kann reflektieren, einordnen, Kräfte sammeln.

Ihr Leben versteht sie als eine Hin-und Herbewegung zwischen Heimat und Welt, Privatem und Öffentlichem, Wurzeln und Flügeln. Heimat kann sich allerdings verändern, das hat sie auch erfahren. Während in der Familienphase ihre Heimat bei Mann und Kindern war, erlebte sie sich zwischendurch als heimatlos und desorientiert. Von ihrer Familie und ihren Freunden erhielt sie in der Anfangszeit keine emotionale Unterstützung. Erst im Laufe des Studiums fand sie in ihren Arbeitsgruppen eine neue Zugehörigkeit.

Ihre neu gewonnenen Erfahrungen und Erkenntnisse teilte sie anderen mit. Ihr Freundeskreis erweiterte sich und die Einstellung der Familie veränderte sich im Laufe des Studiums. Heimaterfahrungen wurden dort in ganz neuer Form wieder möglich.

Ihre Wurzeln findet Frau E. aber nicht nur außen, sie spürt sie auch in sich: Ihr Vertrauen in den Rhythmus des Lebens ist eine Komponente dieser Wurzeln. Und so ist auch in allem Neuen und Unwägbaren für sie Heimaterfahrung möglich. Es gibt Wurzeln, die sich überall hin mitnehmen lassen. Eine Heimat, die in Körper, Seele und Geist eingelassen ist, als nachdrückliche und unvergängliche Erfahrung eigener Kraft, die im Laufe des Lebens zu einem inneren Kontinuum werden kann.

Gleichzeitig aber versteht sich Frau E. auch als ein Teil der Heimat für andere. Mit ihrem Sein, Da-Sein und So-Sein repräsentiert sie für einige Menschen um sie herum ein Stück (Beziehungs-)Kontinuität. Daraus erwächst ihre soziale Verantwortung.

Wenn die Ansprüche anderer mit den ihren nicht übereinstimmen oder sie in sich selbst widerstrebende Bedürfnisse gleich stark spürt, ist es nicht leicht, Balance zu halten. Wenn z.B. die Kinder ihre Nähe und Präsenz brauchen und sie für sich wichtige Entwicklungsschritte alleine vollziehen möchte, oder wenn sie in Augenblicken der Nähe fast gleichzeitig den Wunsch nach Distanz wahrnimmt.

Nachspüren, Reflektieren, Aushandeln, Abwägen und Bewerten können dann in einem längeren Prozess zu Entscheidungen und zu einem vorübergehenden, individuell gestalteten Gleichgewicht führen, wobei das nicht immer ohne Krisen vor sich geht. Und diese Balance ist nicht etwas sicher Gegebenes, sondern sie muss ständig neu austariert werden. Das Aushandeln ist dabei ein Vorgang, der nur in Zusammenhang mit anderen Menschen und im Kontext mit der Lebenssituation vonstatten gehen kann und sich im Prozess ihrer Herstellung durch neue Fragen, vorläufige Antworten und wieder neue Fragen entwickelt. •

Anders als bei Ikarus aus der Mythologie muss nicht jeder Flug, jede neugierige Exploration mit einem Absturz im Meer und dem Ertrinken enden.

Ich sehe den mythologischen Ikarus als eine tragische Existenz: Er ist zusammen mit seinem Vater Dädalus, dem berühmten Baumeister und Erfinder aus Athen, mit den selbstgefertigten Flügeln aus dem Gefängnis geflohen. Da die Flügel aus Federn bestanden, die durch Wachs zusammengehalten waren, ermahnte Dädalus seinen Sohn zur Vorsicht. Sie durften wegen der Federn nicht zu nah an das aufspritzende Meerwasser herankommen und mussten wegen des Wachses den Sonnenstrahlen ausweichen. Doch Ikarus war übermütig, glücklich über die neu gewonnene Unabhängigkeit wollte er hoch hinaus fliegen – jetzt endlich den anderen Pol leben, die Freiheit, die er während der Gefängniszeit vermisst hatte – die Selbstständigkeit genießen. Dabei ist er unvorsichtig geworden und zu nah an die Sonne gekommen. Sie ließ mit ihren Strahlen sein Wachs an den künstlichen Flügeln schmelzen und ihn ins Meer abstürzen.

Gab es für ihn noch einmal Möglichkeiten der Reflexion? Auswege aus der Krise, aus dem Absturz? In der Mythologie ist davon nichts überliefert.

Im Laufe unseres Lebens gibt es immer wieder Gelegenheiten, uns mit unseren Wurzeln und Flügeln auseinanderzusetzen. Gerade in Krisen- oder Übergangszeiten werden wir mit unseren eigenen Lebensthemen stark konfrontiert. Sie können (müssen aber nicht unbedingt) Entwicklungshelfer sein, um zu neuen Fragen und Orientierungen im Leben zu finden.

- Fliege ich manchmal weit über meine Grenzen und Möglichkeiten hinaus und wundere mich, warum ich abstürze und mich verletze?
- Gehe ich auf neue Aufgaben zu oder entwickle ich Widerstand und Angst vor einer notwendigen Veränderung?
- Kann ich mich von Vertrautem und Gewohntem verabschieden oder halte ich an dem fest, was ich kenne und was mir Sicherheit gibt?
- Hält mich meine Angst davor ab, neue Entwicklungsschritte zu gehen, oder versuche ich mit allen Mitteln, das mir bekannte und vertraute Sicherheitssystem aufrechtzuerhalten?
- Vermeide ich Entwicklungsaufforderungen oder nehme ich sie als eine Herausforderung des Lebens an mich wahr?

Als Zeichen seelischer Gesundheit könnte verstanden werden, wenn wir je nach Situation flexibel zwischen den einzelnen Polen entscheiden und ein angemessenes Verhalten zwischen Nähe und Distanz, Strukturierung und Veränderung finden könnten. Das ist nicht immer leicht, da es nicht nur von uns alleine abhängt, wie wir diese Balance finden können.

In unserer Gesellschaft ist das Maß an persönlicher Individualität besonders stark ausgeprägt. Mobilität und biografische Veränderungen durch Berufs- und Wohnortwechsel sowie Trennungen von Lebenspartnern und Freunden nehmen zu. Nicht zuletzt durch die Vielfalt der Medien, der Bildungs- und Reiseangebote werden wir durch eine Fülle von Informationen und Optionen scheinbar immer mobiler. Gleichzeitig aber müssen wir diese Informationen und Veränderungen verarbeiten und sehnen uns nach stabilen Bezugssystemen und Beheimatung.

Damit eine Orientierung in einer für den Einzelnen immer vielfältiger werdenden und sich schnell wandelnden Gesellschaft möglich ist, bedarf es überschaubarer kleiner Bezugssysteme, die als „Heimathafen" oder „Nester" angesteuert werden können, und in denen ein gewisses Maß an Gemeinschaft, Sicherheit und Verlässlichkeit vorhanden ist.

So wie ein Aufgehobensein im sozialen Netz zur Heimaterfahrung gehört, kann diese Heimat auch zu eng, als Gefangenschaft erlebt werden. Der Heimat entwächst man, wenn man spürt, dass sie einengt, ihre Grenzen zu starr und unflexibel sind für eigene Entwicklungsbedürfnisse.

Heimat kann ebenso ambivalent erlebt werden, wie der Gegenbegriff der „Welt". So kann das Nest sowohl der Ort der Geborgenheit sein, aber auch als Ort der Enge und Unfreiheit erlebt werden. Die gemütliche Wärme wird dann zum erdrückenden Mief und Gestank, wenn die „Welt" als Gegenüber der Heimat ausgeblendet wird.

Tragende, vertraute Beziehungen sind besonders für Heranwachsende entwicklungsnotwendig. Aus ihrem Mikrokosmos heraus erwerben sie die Sicherheit, sich auf die Erfordernisse des Makrokosmos einlassen zu können. Eine Sicherheit, die sich im Laufe der Entwicklung als innere Beheimatung einstellen kann und zu einem Selbstbewusstsein wird, zu einer Gewissheit meiner Selbst. Orte der Geborgenheit können für uns ganz unterschiedlich sein. Für die einen sind es Plätze in der Natur, für die anderen das Zusammensein mit bestimmten Menschen, für wieder andere können Kultstätten, besondere Rituale oder bestimmte Texte zu Wurzeln werden. Wichtig ist, dass alle diese Orte das Innehalten und Bei-sich-Ankommen ermöglichen. Ein „bejahter Mensch", der in seinem Leben Liebe und Akzeptanz erfahren hat, wird in der Lage sein, aus dem personalen Urvertrauen (zwischen Bezugspersonen und Kind) ein „kosmisches Urvertrauen"[9] entwickeln zu können. Ein Vertrauen in den Rhythmus des Lebens, verbunden mit der Hoffnung, es werde für Probleme Bearbeitungsmöglichkeiten geben und der Zuversicht, dass immer wieder Menschen, Orte und Zeiten für einen da sind und man durch sie Zuspruch und Trost erfährt. Der Mut, Wagnisse einzugehen und Lebenserfahrungen zu sammeln, wird nur dann größer sein als die Angst vor dem Neuen, wenn die ersten wichtigen Explorationsschritte von Kindern erfolgreich waren und auch ihr Misslingen wohlwollend begleitet wurde.

Wurzeln und Flügel – eine Metapher für zwei Pole einer Dialektik, die in einem lebenslangen Spannungsverhältnis stehen, das mit der Aufgabe verbunden ist, das ambivalente Prinzip von Bindung und Autonomie, von Kontinuität und Wandlung in einer entwicklungsfördernden Spannung von Freiheit und Verantwortung, Ich und Du, Gemeinschaft und Individualität leben zu lernen.

Eine versöhnte Verschiedenheit der gegensätzlichen Impulse in uns könnte auch zu einer größeren Akzeptanz der Andersartigkeit der Anderen führen und letztendlich auch dazu, Kinder in ihrer Lebendigkeit zu unterstützen und ihnen bei ihrem Wachsen zu helfen.

Erlebt ein Mensch die Gegensätze aber als unvereinbar, so gewinnt er im Laufe seines Lebens sein Persönlichkeitsprofil dadurch, dass er eine dieser Grundstrebungen besonders ausprägen wird und die anderen eher in den Hintergrund treten lässt. Dies geschieht in erster Linie durch frühe Anpassungsvorgänge an die ersten Bezugspersonen.

Dadurch entstehen charakteristische Stärken, aber auch persönliche Schwächen, die die Einzigartigkeit eines Menschen ausmachen.

---

[9] vgl. hierzu: Erikson, E.: Identität und Lebenszyklus, 1981

1.2.2.2 Entwicklungsangst als Hindernis für ein Leben in Polaritäten

Die Balance ist nicht irgendwann einmal als dauerhafte Persönlichkeitstruktur gegeben, sondern sie ist vielmehr als ein lebenslanger Prozess zu verstehen, der je nach innerer und äußerer Situation immer wieder neu austariert werden muss.

Nicht immer ist es Menschen aus eigener Kraft möglich, diese Balance herzustellen, da äußere Bedingungen, wie z.b. materielle, soziale oder ökologische Voraussetzungen oder die Interaktionsformen mit anderen Mitmenschen entscheidenden Einfluss auf die Möglichkeiten der Balancierung haben.

Die *Angst* ist nach Riemann[10] das Hauptkriterium dafür, dass ein Mensch mit seinen Grundimpulsen nicht in lebendiger Ausgewogenheit zu leben vermag und nicht in der Lage ist, der Situation entsprechend zwischen den Polen auszuwählen.

Angst sieht Riemann als eine Wurzel vieler seelischer und physischer Schmerzen an. In Situationen, in denen ein Mensch Angst hat, beginnt er sich zurückzuziehen, sich zu rechtfertigen oder seine Gefühle zu bagatellisieren. Rückzug bedeutet aber auch ein Abtrennen von elementaren Gefühlen, wie Freude oder Lebenslust.

In Ängsten zu leben heißt, mit Verleugnung, Projizierung, Verdrängung und Misstrauen zu leben.

Angst einzugestehen hieße, Schwächen oder Verletzbarkeiten zu erkennen und sich ihnen zu stellen. Riemann ermutigt, Persönlichkeitsstrukturen, wie Mut, Vertrauen, Hoffnung und Liebe zu entwickeln, um die Angst annehmen und sich mit ihr auseinandersetzen zu können.

So verstanden könnte die Herausforderung durch die Angst eine Entwicklungshilfe sein.

„Das Annehmen und das Meistern der Angst bedeutet einen Entwicklungsschritt, lässt uns ein Stück reifen. Das Ausweichen vor ihr und vor der Auseinandersetzung mit ihr, lässt uns dagegen stagnieren; es hemmt

---

[10] vgl. Riemann, F.: Grundformen der Angst, Eine tiefenpsychologische Studie, 1961, S. 15ff

unsere Weiterentwicklung und lässt uns dort kindlich bleiben, wo wir die Angstschranke nicht überwinden."[11]

Eine Person, die z.B. einsam ist und große Angst hat, auf Menschen zuzugehen, kann ihrem Grundbedürfnis nach Anerkennung und sozialen Interaktionen nicht nachkommen. Die Angst vor Ablehnung ist größer als das Kontaktbedürfnis. Also wird sie im Laufe ihres Lebens Theorien darüber entwickeln, warum sie es nicht nötig hat, auf andere Menschen zuzugehen. Sie bildet eine Persönlichkeitsstruktur heraus, in der sie eher Distanz als Nähe leben wird. Rationalisierungen und Sublimierungen werden im Laufe des Lebens immer stärker aktiviert, um das existenzielle Nähebedürfnis, das ja Angst verursacht, auszublenden.

Solange die Person damit einigermaßen gut leben kann und subjektiv zufrieden ist, hat sie für sich ihre spezifische, individuelle Balance hergestellt. Die Art der Balance stellt eine durchaus schöpferische Leistung individueller physischer und psychischer Ressourcen eines Menschen dar. Selbst wenn diese Struktur noch so einseitig, unlebendig und starr erscheint, kann sie für eine Person die größte Sicherheit bedeuten nach dem Motto:

- Diese Art zu leben ist mir bekannt, auch wenn ich damit manchmal Probleme und Schwierigkeiten habe. Ich kenne mich gut aus in den eingeübten Verhaltensweisen (z.B. als eher distanzierter oder als symbiotischer Mensch) und beziehe dadurch Verhaltenssicherheit. Anders als gewohnt zu denken, wahrzunehmen, zu fühlen oder mich zu verhalten, bedeutet für mich Angst und Unsicherheit.

Je nach Intensität der Angst kann das für einen Menschen Grund genug sein, mit allen Mitteln das zu bewahren, was er für sich an Persönlichkeitsstruktur konstruiert hat. Riemann beschreibt, „... wie das weitgehende Aufgeben eines der vier Grundimpulse uns zu vier Persönlichkeitsstrukturen führt, zu vier Arten des In-der-Welt-Seins, die wir in Abstufungen alle kennen und an denen wir alle mehr oder weniger akzentuiert Anteil haben. ... Die vier Persönlichkeitsstrukturen sind zunächst Normalstrukturen mit gewissen Akzentuierungen. Wird indessen die Akzentuie-

---

[11] Riemann, F., a.a.O., S. 9

rung zu ausgesprochener Einseitigkeit, erreicht sie Grenzwerte, die als Zerrformen oder Extremvarianten der vier normalen Grundstrukturen zu verstehen sind."[12]

Hat sich ein Pol im Laufe der Entwicklung also derart akzentuiert, dass das Individuum nicht mehr in der Lage ist, situationsadäquat zu handeln, kann sein Verhalten für ihn selbst und für seine Interaktionspartner problematisch werden. Schwierig wird es dann, wenn Menschen, insbesondere Kinder, die von ihren Bezugspersonen abhängig sind, in die Muster der Erwachsenen gedrängt und demnach daran gehindert werden, ihren eigenen polaren Entwicklungsimpulsen folgen zu können.

Im Folgenden möchte ich anhand von Beispielen vier Grundtypen, die sich aus diesem Modell ableiten lassen, beschreiben.

In der Darstellung solcher Schematisierungen liegt eine gewisse Problematik. Es ist mir bewusst, dass eine Zuspitzung auf vier bestimmte Typologien der Fülle menschlichen Seins nicht gerecht wird und eine Verengung darstellt.

Andererseits kann ein Modell ein Hilfskonstrukt darstellen, um typenbezogene Eigenarten und Tendenzen deutlich zu machen. Als solches könnte es ein Anstoß sein, über sich und die eigenen Ängste und über die Auswirkungen auf den Umgang mit Kindern nachzudenken.

• Starke Betonung von Distanz und Autonomie

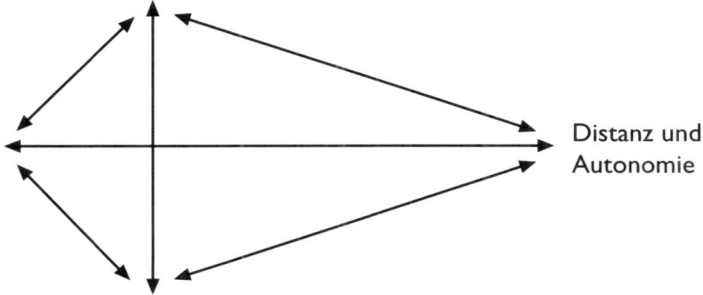

Distanz und
Autonomie

[12] Riemann, F., a.a.O., S. 17

37

• • • Beispiel:

Frau A. ist eine erfolgreiche Frau. Sie hat ihre Ausbildung zur Buchhändlerin mit großem Erfolg beendet. Als Verlagsvertreterin reist sie durchs Bundesgebiet und hat sich auf Frauenliteratur spezialisiert. Sie ist selten zu Hause, geht zu Buchmessen, fährt zu Lesungen und ist mehrmals im Jahr auf Tagungen. Sie ist bestens informiert.

Sie hat zwar einen großen Freundeskreis, der aber eher unverbindlich bleibt. Auf Partys taucht sie kurz auf, lässt sich kaum auf intensive Gespräche ein und ist weg, bevor das Fest so richtig losgegangen ist. Eine Beziehung nimmt sie hauptsächlich über Sachinhalte auf und kann sich da themenorientiert sehr engagieren und ihre Gefühle zeigen.

Sie ist eine attraktive Frau, die sich sehr individuell kleidet und daher auffällt. Ihre Kollegen und Mitarbeiterinnen halten sie für stark und unabhängig. Ihre Art der Darstellung hält sie selbst für einen guten Schutz, der ihr hilft, Nähe, die sie verletzbar machen könnte, zu vermeiden. Gleichwohl sehnt sie sich nach einer Partnerschaft oder intensiven Beziehung. Zwar gab es in ihrem Leben viele Männerbekanntschaften, aber diese Männer waren für sie letztendlich nie erreichbar, entweder waren sie verheiratet, lebten im Ausland oder nach einer Weile des Zusammenlebens gab es Konflikte, die zum Bruch führten. Sie sagt über sich: „Zwar wünsche ich mir sehnlichst eine liebevolle Beziehung. Habe ich jemanden getroffen, dann halte ich es nicht lange mit ihm aus. Bisher habe ich noch keinen gefunden, der mich nicht einengt und mir das Gefühl von Unabhängigkeit gibt." •

Der eher distanzierte Mensch führt ein relativ intensives Eigenleben und wirkt auf andere eher abweisend und kühl. Seine distanzierte Art macht es anderen schwer, sich ihm freundschaftlich zu nähern. Der oberste Wert ist seine Eigenständigkeit, und er wird immer wieder versuchen, sich diese Unabhängigkeit zu erhalten. Das kann durch abrupten Rückzug aus Beziehungen, die zu viel Nähe von ihm fordern, geschehen oder durch kritisches, abweisendes Verhalten.

Die Angst davor, sich Menschen und Situationen hinzugeben wird als Ich-Verlust, Aufgabe der Autonomie und Abhängigkeit erlebt. Ein solcher

Mensch ist bestrebt, möglichst viel allein entscheiden und bewältigen zu wollen, seine Einmaligkeit und sein Anderssein darzustellen und seine Unabhängigkeit zu dokumentieren. Gleichzeitig aber spürt er eine große Sehnsucht nach Nähe und Geborgenheit, die er aber wegen seiner Angst vor Nähe nur schwer leben kann. Beziehungen zu leben gelingt ihm vorwiegend über die Sachebene. Das Leben in sozialen Gruppen und Gemeinschaften kann ihn sehr viel Kraft kosten.

Seine Entwicklungsaufgabe hieße, ein Mehr an Nähe und intensiveren Kontakten zuzulassen.

Der Distanzierte ist in seiner Haltung dem strukturierenden, ordnenden Typ ähnlich und bildet den Gegenpol zum nähesuchenden Typ.

• Starke Betonung von Nähe und Geborgenheit

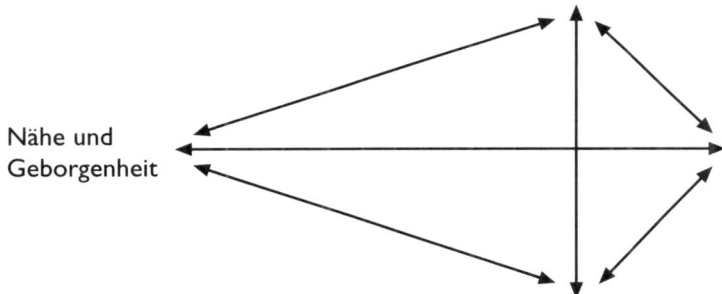

Nähe und
Geborgenheit

• • • Beispiel:

Frau B. (52 Jahre) leitet eine Familiengruppe in einem Kinderheim. Im letzten Sommer hat sie ihr 25-jähriges Dienstjubiläum gefeiert. Sie ist unverheiratet und lebt die meiste Zeit mit den Kindern in der Wohngruppe. Ihr eigenes kleines Appartement, fünf Minuten vom Kinderheim entfernt, benutzt sie selten. Ihre Freizeit verbringt sie entweder auch im Heim, (weil man sie dort dringend braucht) oder bei ihrer alten Mutter. Manchmal hat sie Interesse, ins Konzert oder Theater zu gehen, dann kauft sie gleich zwei Karten und lädt einen der Jugendlichen ihrer Gruppe dazu ein.

Sie hat ihre Überstunden nie gezählt. Wenn ein neues Kind eingewiesen wurde, hat sie auf ihr freies Wochenende selbstverständlich verzichtet und sich um das Kind gekümmert. Wenn es darum geht, die Heimleitung zu vertreten, ist sie es, die diese Aufgabe übernimmt, weil es ja sonst keiner tut. Manchmal hat sie das Gefühl, von den anderen ausgenutzt zu werden. Aber sie tut es ja für die Kinder und darum macht sie es auch gerne. Sie leidet darunter, dass die jungen Erzieherinnen nicht mehr dieses Berufsethos haben und es in den letzten Jahren so viele unnütze Dienstbesprechungen um Dienstzeiten und Freizeitausgleich für Überstunden gegeben hat.

In letzter Zeit wird ihr doch manches zu viel und sie fände es gut, wenn sie wenigstens bei der Hausaufgabenbetreuung der Kinder oder im Umgang mit den schwierigen Jugendlichen mehr Entlastung bekäme. Immer häufiger nörgelt sie an den jungen Berufspraktikantinnen herum und ist ihnen gegenüber launisch und unkollegial. „Die könnten doch auch mal unaufgefordert mit anpacken!" Eine Erzieherin bemerkt dazu in der Mitarbeiterbesprechung, zu der Frau B. ungerne kommt und sich meist entschuldigt: „Es fällt schwer, ihr etwas recht zu machen, nie sagt sie konkret, was sie wirklich erwartet. Stattdessen geht sie mit zusammengekniffenen Lippen durch die Gruppe und macht das, was sie für richtig hält, alleine!"

Zu der 17-jährigen Miriam, die seit ihrem dritten Lebensjahr im Kinderheim lebt, hat sie ein sehr intensives Verhältnis. Sie möchte Miriam nach ihrer Volljährigkeit zu sich in ihre Wohnung nehmen. Frau B. verfolgt diesen Plan mit großem Engagement. Die betreuende Sozialarbeiterin möchte Miriam gerne verselbstständigen, d.h. sie in eine Jugendwohngruppe integrieren. Miriam weiß noch nicht, wie sie sich entscheiden soll. •

Diese Person begegnet ihrer Mitwelt herzlich und offen. Für sie ist Zugehörigkeit und die Beziehung zu anderen ein wichtiger Wert. Sie sucht und stellt selbst Nähe her, und ist bereit, sich engagiert um Menschen und Beziehungen zu kümmern. Die große Hilfsbereitschaft führt häufig zu Überforderung und Gefühlen des Ausgebranntseins.

Die Angst davor, eine eigenständige Persönlichkeit mit einer gesunden

Abgrenzung von anderen zu werden ist groß. Eigenständigkeit wird als Isolierung und Ungeborgenheit erlebt. Die Anpassung an andere, die bis zur Aufopferung gehen kann, ist besonders gut ausgeprägt. Eigene Forderungen und Bedingungen zu stellen fällt schwer, was auch mit dem großen Harmoniebedürfnis zusammenhängt.

Um sich wohlzufühlen, braucht sie die Nähe anderer. Fremde Situationen meidet sie meist, weil sie sie ängstigen und verunsichern. Sie bewältigt sie am besten, wenn sie mit anderen zusammen ist.

Die Entwicklungsaufgaben für die nähesuchende Person könnten Wachstum an Autonomie, Grenzsetzung und größere Konfliktfähigkeit bedeuten.

- Starke Betonung von Ordnung und Bewahrung

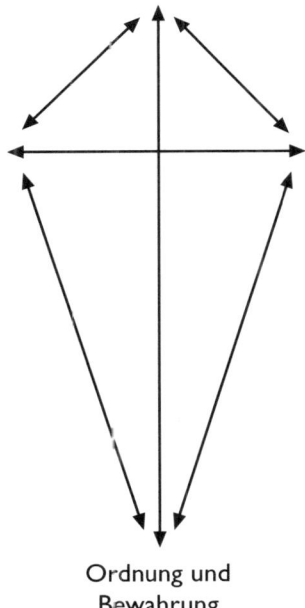

Ordnung und
Bewahrung

• • • Beispiel:
Herr C. war drei Jahre, als sich der Vater von der Familie trennte. Die Mutter wünschte keinen Kontakt zwischen Vater und Sohn und beschützte ihn ängstlich vor der Welt. In der Schule wurde er als Muttersöhnchen gehänselt und zog sich am liebsten zu Hause mit technischen Basteleien zurück. Seiner Mutter war das recht, denn sie hatte selbst auch wenig Kontakte und war am liebsten mit ihrem Sohn zusammen, der immer mehr zu ihrem Partnerersatz wurde. Herr C. lebte bis zum 30. Lebensjahr bei der Mutter, bis er sich in eine Kollegin verliebte, mit der er seit einiger Zeit zusammenarbeitet. Als sie von ihm ein Kind erwartete, zogen sie zusammen, ganz in die Nähe der Mutter. Die junge Familie lebte zurückgezogen, am Wochenende unternahm man viel mit der Mutter gemeinsam, die sich in der Woche auch um die kleine Tochter und den Haushalt der beiden kümmerte.
In seinem Betrieb war Herr C. unauffällig, passte sich an, wollte keinen Ärger. Er sorgte in der Firma dafür, dass die Buchführung akkurat und gründlich gemacht wurde. Als ihm auf Grund guter Leistungen ein Posten in den neuen Bundesländern angeboten wurde, lehnte Herr C. entschieden ab. Auch die Möglichkeit, sich durch Lehrgänge fortzubilden nutzte er nicht. Seinem Hobby, der Gartengestaltung, geht er in jeder freien Minute nach.
Als die Tochter 13 Jahre alt wurde, gab es in der Familie die ersten großen Auseinandersetzungen und Krisen. Die Ausgehzeiten, die Kontakte zu Freunden, die auffällige Kleidung der Tochter, die grünen Strähnen im Haar, die schlechten Schulnoten – all das war Anlass zu großen Streitereien. Herr C. ordnete Hausarrest an, verbot die Kontakte zu Freunden und strich das Taschengeld. Es fällt ihm außerordentlich schwer, die Veränderungen in der Familiendynamik zu akzeptieren. Das hieße, sich auf seine heranwachsende Tochter mit deren Entwicklungsaufgaben einzustellen, und sie in ihr eigenes Leben loszulassen. •

Die Sachbezogenheit ist ein wichtiger Faktor für die Herangehensweise an Situationen. Pläne werden entwickelt und darauf geachtet, dass sie eingehalten werden. Spontane Ideen oder Veränderungsvorschläge werden zu

Gunsten von Dauerhaftigkeit und Überschaubarkeit abgelehnt. Das Prinzip eines geordneten, für ihn transparenten Lebensablaufs schafft ihm Beruhigung.

Die Angst vor Veränderungen und vor Entwicklungsschritten wird als Unsicherheit erfahren. Dieser Mensch ist eher bemüht, sein „Sicherheitssystem" aufrechtzuerhalten und jegliche Veränderung abzuwehren.

Seine Entwicklungsaufgabe könnte heißen, Wandel zuzulassen und in sein Leben zu integrieren.

- Starke Betonung von Wandel und Veränderung

Wandel und
Veränderung

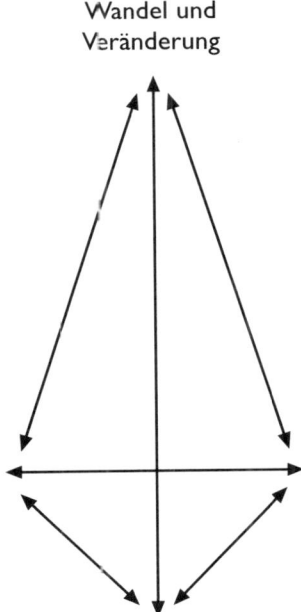

● ● ● Beispiel:
Herr D. bezeichnet sich als Abenteurer und Globetrotter. Er wohnt in einer ziemlich ungemütlichen, dunklen Mietwohnung in einer Großstadt, in

der er als Jugendbildungsreferent arbeitet. Sein Leben ist bunt und vielfältig, wie er sagt. Im Urlaub ist er so oft es geht mit seinem Segelboot unterwegs. Durch seinen Beruf hat er viele Kontakte ins Ausland geknüpft. Dadurch ist er öfters auf Vortragsreisen und mit Jugendgruppen unterwegs. Bevor er nach W. zog, hat er mehrmals seinen Wohnort gewechselt. Er ist jetzt 55 Jahre alt und möchte in zwei Jahren ganz aus dem Beruf ausscheiden, um eine mehrjährige Weltreise mit seinem Boot anzutreten. Seit Jahren bereitet er diese Fahrt schon vor. Nach zwei Ehescheidungen lebt Herr D. seit 10 Jahren alleine, hat aber immer wieder neue Freundinnen, zeitweise sind es auch zwei oder drei Frauen zur gleichen Zeit. Er ist mit seiner Situation zufrieden, wundert sich nur manchmal, warum er gar nicht dazukommt, mal ein Buch zu lesen oder sich auszuruhen. Er wirkt gehetzt und unruhig und klagt über Schlafstörungen. Joga und Autogenes Training hat er, ebenso wie Reiki ausprobiert, um ein wenig zur Ruhe zu kommen und wieder besser schlafen zu können. Bisher hat ihm, wie er sagt, all das nichts genützt. Er ist eben ein „lebendiger, quirliger Mensch". •

Für diesen Typ bietet jede Situation neue Möglichkeiten und Reize, auf die er sich gerne einlässt. Je ausgeprägter seine Suche nach „dem Kick" ist, desto schwieriger wird es für ihn, sich irgendwo einzubinden. Er gestaltet seinen Aktionsrahmen und schließt schnell Kontakte, die allerdings nicht lange bestehen.

Das Gefühl von Kontinuität und Dauerhaftigkeit wird als Unfreiheit erlebt. Jede Form von Sesshaftigkeit, innerlich oder äußerlich, wird schnell wieder zerstört, um nicht zu viel Bindung oder gar Abhängigkeit aufkommen zu lassen. Unverbindlichkeiten hält er solange es möglich ist aufrecht, weil sie ihm den nötigen Spielraum lassen. Seine überschwängliche Art und Begeisterungsfähigkeit bedürfen aber der Kontinuität und der Struktur – hier liegen seine Entwicklungsaufgaben.

Die Kurzcharakteristiken der vier Typen sollte u.a. darauf aufmerksam machen, dass jeder Mensch potenziell alle vier Grundstrukturen zur Verfügung hat und auch auf seine anderen, zur Zeit weniger aktivierten Elemente, ansprechbar ist. Entwicklungskrisen entstehen meist dann, wenn immer wieder aus einer Grundstruktur heraus das Leben gestaltet wird, dies aber nicht in jeder Situation oder Begegnung angebracht ist. Die Gründe dafür liegen nach Riemann in der Angst des Individuums vor dem, was ihm nicht als Verhaltens- oder Gefühlsstruktur vertraut ist, dies wiederum hat mit der individuellen Lern- und Entwicklungsgeschichte zu tun. Wer erfahren hat, dass Nähe ambivalent und verletzend ist, wird sie eher vermeiden und versuchen, sich frühzeitig unabhängig von Gefühlen zu machen. Gleichzeitig wird er sich nach Nähe sehnen, hat aber kein Verhaltensmuster dafür, wie sie herstellbar oder lebbar sein könnte.

In den meisten Fällen sind uns unsere Über- oder Unterbetonungen bekannt. Konflikthafte Situationen, die aus der Vermeidung oder der Überziehung bestimmter Grundstrukturen erfolgen, können zu krisenhaften Lebenssituationen führen.

Die vier Bespiele zeigen unterschiedliche Ausprägungen des „In-der-Welt-Seins" und je nach Lebenszusammenhang ist es für den Einzelnen möglich, mehr oder weniger gut mit diesen Ausprägungen zu leben, die Beispiele von Frau A. und Herrn D. zeigen, dass sie eine Art von individueller Lebensbalance gefunden haben, und sie damit gut umgehen können.

Schwierig wird es allerdings dann, wenn Kinder durch eine starre Haltung der Erwachsenen, die entweder durch die Vermeidung eines Gegenpols oder durch die Überbetonung eines Pols geprägt sein kann, zu Mitspielern und Mitakteuren der elterlichen Welt gemacht werden. Das geschieht in erster Linie dadurch, dass sie daran gehindert werden, ihre individuelle Persönlichkeitsstruktur zu entfalten. Entweder dürfen sie den angstauslösenden Gegenpol eines Elternteils nicht leben, oder sie werden in die Rolle desjenigen gedrängt, der die nicht gelebten Anteile der Eltern zu repräsentieren hat.

Die Angst und Vermeidung der Eltern wird damit zum Lebensthema der Kinder.

In beiden Fällen werden Kinder, als die Abhängigen im Familiensystem, daran gehindert, ihre biopolaren Lebensimpulse zu entwickeln. Zwar widersetzen sich Kinder auch immer wieder den Erwartungen von Erwachsenen und machen auf ganz unterschiedliche Weise auf sich und ihre Bedürfnisse aufmerksam, z.B. durch aggressives Verhalten, Auffälligkeiten, psychosomatische Erkrankungen oder durch andere Formen des passiven und aktiven Widerstandes.

Inwieweit Eltern allerdings verstehen, dass in solchen Krisen nicht nur ihre Kinder, sondern sie selbst in ihrer eigenen Entwicklung angesprochen sind, hängt davon ab, wieweit sie bereit sind, sich ihrer eigenen Angst zu stellen.

Unser Leben kann besser gelingen, wenn zwischen den stabilisierenden und den verändernden, den ichbezogenen und den sozialen Bestrebungen ein relatives Gleichgewicht herrscht, und wir zu einer versöhnten Verschiedenheit finden.

Ein Hinweis für seelische Gesundheit könnte es sein, wenn ein Individuum im Stande ist, die polaren Grundimpulse in lebendiger Ausgewogenheit zu leben.

Dies bedeutet, dass sich ein Individuum in unterschiedlichen Situationen mit seinen Fantasien, seinen Emotionen, seinem Denken und Handeln weitgehend stimmig fühlt, ein positives Grundgefühl sich selbst gegenüber hat und in soziale Zusammenhänge integriert ist.

Dabei geht es darum, die unverwechselbare Eigenart im Hinblick auf das subjektives Gefühl von Stimmigkeit herauszufinden.

Eine „relativ gut ausbalancierte Identität" muss allerdings immer wieder neu hergestellt werden.

Identitätsleitende Fragen könnten lauten:
- Wo muss ich mich abgrenzen und Ansprüche abwehren und wo kann ich mich Menschen und Situationen hingeben und gegensätzliche Lebensimpulse zulassen, ohne sie zu bewerten?
- Wie finde ich eine mir gemäße Struktur und wo muss ich mich in Unplanbares, Unkalkulierbares und Unvorhersagbares hineingeben, um Entwicklungsprozesse und Veränderungen zulassen zu können?

Solche Fragen sind nicht eindeutig und für alle Situationen zu beantworten, sondern müssen immer wieder in jeder Lebenslage neu entschieden und ausbalanciert werden, dies geschieht in doppelter Hinsicht: auf personaler Ebene und im sozialen Kontext.

- Ist das, was ich tue, denke und fühle *für mich* stimmig? Fühle ich mich dabei wohl, kann ich weitgehend meinen inneren Möglichkeiten gemäß leben?
- Erfahre ich in *sozialen* Bezügen Achtung und Anerkennung, fühle ich mich aufgehoben und verwirkliche im Zusammenhang mit anderen sinnvolle Aufgaben?

Auf die Frage „Wer bin ich?" gibt es demnach auch keine eindeutige Antwort. „So bin ich hier in dieser Situation heute und so bin ich in einer anderen Situation morgen. Alles das bin ich und vielleicht noch viel mehr!"

Eine solche Antwort weicht von jeglichen Vollkommenheitsansprüchen und Eindeutigkeit ab und beinhaltet, nicht idealen Fiktionen und Vorstellungen anderer zu entsprechen. Stattdessen könnte sie Mut machen, immer mehr diejenige oder derjenige zu werden, die oder der ich bin und der oder die ich auch noch sein könnte.

Unbewusst haben wir uns mit vielen gesellschaftlichen Werten und Normen identifiziert. Wir haben Bilder übernommen, die andere für uns entwickelt und uns übergestülpt haben.

Das bewusste Zusammenleben mit Kindern ermöglicht uns Erwachsenen immer wieder, neue Rollen zu erproben, uns anstecken zu lassen von der Vielfalt der kindlichen Gefühlswelt, uns von ihnen mit hineinnehmen zu lassen das selbstvergessene Spiel, in die tiefe Trauer, in die hingebungsvolle Zuwendung oder in die unbändige Aggression.

Wer schon einmal mit Kindern getobt und gespielt und dabei die Zeit und jegliche Struktur vergessen hat, konnte solch eine wieder entdeckte Erfahrung machen. Die Erfahrung, dass auch wir noch ganz anders sein können, ermutigt vielleicht, Einstellungen und Verhaltensweisen zu überprüfen. Vielleicht haben wir sogar den Mut, uns zu verändern und unsere Gegenpole zu leben.

Gerade im Zusammenleben mit Kindern werden immer wieder solche Entwicklungsaufgaben an uns Erwachsene herangetragen. Es liegt an uns, sie als Aufforderungen zum Selbstsein zu nutzen.

2 Erziehungskonzeptionen oder: „Was tun Sie, wenn Sie Ihr Kind erziehen?"

Bisher wurde deutlich, dass Grundstrukturen unserer Persönlichkeit die Art unseres Umgangs mit Kindern entscheidend beeinflussen.
Aber auch unser Menschenbild, unsere Vorstellungen von dem, was das Kind einmal werden soll und wie wir es gerne hätten, sind geheime Leitfäden unseres pädagogischen Handelns.

„Was tun Sie", wurde Herr K. gefragt, „wenn Sie einen Menschen lieben?" „Ich mache einen Entwurf von ihm", sagte Herr K., „und sorge, dass er im ähnlich wird." „Wer? Der Entwurf?" „Nein", sagte Herr K., „Der Mensch."[1]

Was für die Liebe gilt, trifft auch auf die Erziehung zu: Wir haben Vorstellungen, Bilder, Entwürfe in vielfacher Hinsicht.
Herr K. hat, wie viele von uns, sicher nicht nur die Vorstellung davon, was aus dem Menschen, den er liebt, einmal werden soll, sondern er weiß sicher auch längst, mit welchen Methoden und Arrangements er sein Ziel erreichen will. Und Herr K. meint es gut mit denen, die er liebt, will doch nur ihr Bestes, ebenso wie wir auch!
Wie wird Herr K. wohl dafür sorgen, dass das Kind seinem Entwurf, den er sich von ihm gemacht hat, ähnlich wird?
Darüber ist nichts gesagt. Aus der Geschichte der Pädagogik sind uns ganz unterschiedliche, z.T. sehr gegensätzliche Menschenbilder, Erziehungsmethoden, Ziele und Inhalte bekannt. Auch wir kennen und benutzen genügend Vorgehensweisen, mit denen wir unsere Kinder erziehen wollen: Liebesentzug, Belohnung, Strafe, Drohungen und Missbilligungen sind bekannte Disziplinierungsmaßnahmen.
Nicht immer ist uns bewusst, dass unser Handeln sich auf eine ganz kon-

---

[1] Brecht, B: Geschichten vom Herrn Keuner, 1967, S. 33

krete Vorannahme von dem, was wir glauben, dass der Mensch sei, gründet.

Erziehungsziele bestimmen unser Erziehungshandeln, bewusst oder unbewusst, funktional oder intentional. Sie geben eine Vorstellung von einem Sollzustand an und beinhalten eine Handlungsaufforderung für die erziehende Person: „Wie muss ich mich verhalten, damit der Zu-Erziehende ein anvisiertes Ziel, z.B. Mündigkeit erreicht?" Indem ich mich als Erzieherin für das Erziehungsziel Mündigkeit und nicht für das Erziehungsziel Gehorsam und Pflichterfüllung ausspreche, liegt meinen Vorstellungen, die ich mit dem Kind und dessen Entwicklung und Lebensweg verbinde, ein ganz bestimmtes Menschenbild mit entsprechenden Normen und Werten zu Grunde. Zum einen ist unser Menschenbild durch eigene Wünsche, Ideale, Vorstellungen, Erfahrungen geprägt, zum anderen vom gesellschaftlichen, historischen und kulturellen Kontext, in dem wir leben.

Eine Gesellschaft, in der es keine Bilder, Entwürfe vom anderen gibt, kann und wird es nie geben.

Wir brauchen Entwürfe als Orientierungen für unser Leben. Wichtig ist nur, wie wir mit ihnen umgehen.

- Haben unsere Vorstellungen Platzhalterfunktion und sind wir in der Lage, sie zu verändern, wenn das Kind oder die Situation anders sind als erwartet?
- Oder halten wir an unseren Vorstellungen fest, auch dann, wenn sich der Mensch und die Situation ganz anders zeigen als vermutet oder erwartet?

Das Lebendige selbst, was sich in der Interaktion entwickelt, müsste als Korrektiv unserer jeweiligen Vorstellungen dienen und neuen Einstellungen weichen. Erst durch die achtungsvolle Interaktion mit Kindern, in denen wir uns als Person zeigen und die ganz andere, fremde Person des Kindes ernst nehmen, könnte es möglich werden, Urteile, Vorurteile und einseitige Denk- und Sprachschablonen aufzubrechen.

In der Art des Umgangs miteinander wird spürbar, ob wir davon überzeugt sind, dass wir dem Kind und seinem Willen und seinen Fähigkeiten etwas zutrauen und davon überzeugt sind, dass der Mensch ein einzigartiges Wesen ist, ein „Kosmos in sich"[2] oder ob wir davon ausgehen, dass wir und unsere Methoden oder unsere Liebe es sind, die aus dem Kind erst einen richtigen Menschen „machen" müssen.

„Erziehung passt in der Praxis zu häufig das Kind der Bequemlichkeit der Erwachsenen an, indem sie darauf drängt, dass es weniger lästig und weniger ein kleiner Teufel ist. Die positiver orientierte Erziehung befasst sich mehr mit dem Wachsen und der künftigen Selbstverwirklichung des Kindes."[3]

2.1 „Ich will ja nur dein Bestes" – Egoismus des Erwachsenen oder Liebe zum Kind?

Verhängnisvoll wird der Glaube an eine einzige Wirklichkeit und das Festhalten an dem eigenen Entwurf des „In-der-Welt-Seins" besonders dann, wenn Menschen in Abhängigkeitsverhältnissen, z.B. Kinder, zu einer ihnen nicht entsprechenden Wirklichkeitsauffassung gedrängt werden. Wie oft geben Erwachsenen „richtiges Verhalten" vor, „meinen es doch nur gut" und blockieren damit das selbstständige Denken, Fühlen und Handeln der Kinder. Erwachsene, denen nichts mehr rätselhaft, geheimnisvoll und der Nachfrage wert zu sein scheint, begegnen dem Leben in der statischen Haltung des (All)wissenden. Das Kind wird ebenso wie die Natur den Vorstellungen und dem Willen des Erwachsenen unterworfen. In dieser Art der Begegnung wird das Kind durch schnelle Urteile und Vorurteile vereinnahmt, die einer Haltung des „Ich -weiß-alles" entspringen. Eine solche Sicht lässt es nicht zu, dass das Leben sich anders darstellt als die Bilder und Begriffe von ihm. Im Zugriff durch seine Begriffe lässt der Erwachsene weder Gedanken und Gefühle, noch Verhaltensweisen des Kindes SEIN, sondern er möchte aus ihnen etwas MACHEN, was seinen Entwürfen entspricht. Entwürfe von der Welt und den Menschen und damit ver-

---

[2] Fromm, E.: Die Kunst des Liebens, 1956
[3] Maslow, A.H.: Motivation und Persönlichkeit, 1978, S. 385

bunden die Idee, dass der eigene Entwurf der einzig Richtige sei, führen nicht selten zu der pädagogisch-missionarischen Haltung, die Welt nach eigenen Entwürfen zu ordnen und die Menschen so zu erziehen, dass sie diesen Vorstellungen entsprechen.[4]

Eingeengt durch die Perspektive des konkret zu Erwartenden entsteht eine Haltung des Abwehrens, Vermeidens und Absicherns, damit der Entwurf gelingen möge. Ein solches Bevormundungssystem schafft ein Klima von Kontrolle und Misstrauen. Was fehlt, ist das Zutrauen in die Selbstentfaltungspotenziale des anderen, der *nach seinem eigenen Entwurf leben will*. Die Planung eines Entwurfs für andere stellt eine Fixierung dar, die letztendlich in der Angst vor der Differenziertheit des Lebens begründet liegt.

Unsere *Allmachtsfantasie* liegt in der Annahme, dass es eine einzige Wirklichkeit gibt und wir uns als Erwachsene darin besser auskennen als Kinder.

Das elterliche „Ich will doch nur dein Bestes" kann zu einer lebenslangen Belastung werden.

Wie schnell wird dann das „Anderssein" zum „Schlechtersein", weil das Verhalten, die Lebensäußerungen, die Persönlichkeit abweichen von den „gut gemeinten Entwürfen" derjenigen, die zu lieben vorgeben.

Sehr oft stelle ich in der Beratung fest, dass Menschen mit Lebensangst aus Familien kommen, in denen sie bereits sehr früh lernen mussten „eindeutig", d.h. einpolig, zu leben. Der Lebensimpuls nach Autonomie z.B. wurde schon in den ersten Lebensjahren unterdrückt, weil Mutter oder Vater große Angst um das Kind hatten und nur sein Bestes wollten. Angst, die nicht selten mit der eigenen Lebensangst gekoppelt ist.

Geht das Kind dann doch in die „Welt" hinaus, entwickelt eigene Flügel, dann läuft es Gefahr, dass einer der Elternteile mit Liebesentzug reagiert, krank wird oder droht, es zu verlassen. Diese Schuld kann das Kind nicht auf sich nehmen und wird entweder selber krank und damit unfähig, „weit zu fliegen" oder stutzt sich die Flügel durch Entwicklungsangst. Die ge-

---

[4] vgl. hierzu: Watzlawick, P.: Wie wirklich ist die Wirklichkeit. Wahn, Täuschung, Verstehen, 4. Aufl., 1976, S. 9

heime Botschaft an die Mutter könnte lauten: „Das tue ich doch nur für dich, für uns, damit du wieder gut zu mir bist." Die polare Spannung ist allerdings nur scheinbar aus dem Leben des Kindes verschwunden. Der Bindungswunsch und die Ablöseangst der Mutter oder des Vaters haben vorübergehend gesiegt. Das Autonomiebedürfnis des Kindes wird irgendwann andere Möglichkeiten suchen. Das kann z.B. in Form von Verhaltensauffälligkeiten oder aggressiver Ablösungsversuche geschehen. Psychische Beeinträchtigungen unterschiedlicher Art oder psychosomatische Erkrankungen, die auch erst im Erwachsenenalter auftreten können, sind ein Hinweis auf Ungelebtes im eigenen Leben. Es ist kein Zufall, dass Frauen eher Schwierigkeiten haben, ihre Flügel zu benutzen, da die weibliche Sozialisation sich auch heute noch von der männlichen Sozialisation unterscheidet. Kleine Jungen erhalten eher die Chance, sich früh von der Mutter zu lösen und eigene Wege zu gehen. Sie dürfen raufen und toben und sich auch schmutzig machen, während Mädchen auch heute noch stärker auf Innenorientierung, „Nest" und Familie erzogen werden. Von daher wäre es eine Bereicherung sowohl für die männliche als auch für die weibliche Entwicklung, wenn Jungen und Mädchen gleichermaßen die Chance gegeben würde, mit den Polaritäten von Wurzeln und Flügeln leben zu lernen.

Ein Kind, angewiesen auf die Zuwendung und Liebe der Bezugspersonen, spürt sehr schnell: „So wie ich bin, bin ich nicht richtig. Damit ich weiterhin akzeptiert und geliebt werde, muss ich so werden, wie es die anderen von mir erwarten." Der Vorgang der Anpassung beginnt. Wenn übertriebene Fürsorge, der Wunsch der Eltern, durch das Kind Anerkennung, Macht, Ablenkung oder Trost zu erfahren, die Beziehung zum Kind bestimmen und dies als Liebe deklariert wird, dann werden Heranwachsende gehindert, ihr eigenes Leben zu führen. Aus der tiefenpsychologischen Forschung ist bekannt, wie schnell sich Kinder in die Rollen des Helfers, des Partnerersatzes oder Trösters hineindrängen lassen, um den emotionalen Forderungen der Eltern gerecht zu werden.[5]

Diese Entwicklung ist bei Einzelkindern häufiger als bei Geschwister-

---

[5] vgl. Richter, H.-E.: Eltern-Kind-Neurose, 1969

kindern zu beobachten. Wenn Kinder als Partnerersatz oder Tröster dienen oder die Lebensträume der Eltern verwirklichen sollen, ist nicht ihre Individualität gefragt, sondern ihre Anpassung und ihre balanceerhaltende Funktion im Familiensystem.

Durch einengende Scheinliebe werden Kinder unmündig gehalten und nicht befähigt, Bedürfnisse und Wünsche zu artikulieren. Eine Liebe, die keinen Widerspruch duldet, verhindert lebendige Gefühle und das individuelle Denken und Handeln. Sie verhindert, dass ein Mensch seine Flügel eigenständig benutzt und fliegen lernt.

Dazu schreibt Charlotte Gerber in ihrer Autobiografie „Die erschütternde Geschichte einer gutbürgerlichen Kindheit":

• • • „Sie war also so recht eine kinderfressende Mutter, wie viele der von der Gesellschaft hochgelobten Frauen. Sie können nicht aufhören, ihre Kinder zu fressen und als Gegenleistung an sich saugen zu lassen, lang über die Volljährigkeit hinaus. Es heißt dann: ‚Sie lebt durch und durch mit ihren Kindern. Sie sind ihr alles. Sie ist ein richtiger Muttertyp.' Und die betroffenen Ehemänner nennen ihre Frauen der Einfachheit halber auch gleich Mutter."[6] •

Die verhängnisvollen Zusammenhänge zwischen der Abhängigkeit des Kindes und seiner Anpassungsbereitschaft an egoistische und angstbesetzte Wünsche der Erwachsenen engen die individuellen Entwicklungsmöglichkeiten des Kindes erheblich ein. Wo Kinder durch einengende Liebe zu wenig „Luft (bekommen), weil sie unter der Last einer übergroßen Fürsorge ersticken,"[7] können sie sich nicht ihrer individuellen polaren Persönlichkeitsstruktur gemäß entfalten.

Erwachsene „spielen die Rolle des uneigennützigen Betreuers ohne Fehler, wir sind gerührt bei dem Gedanken an die Opfer, die wir gebracht haben, und man kann sagen, dass wir uns zeitweilig gar nicht schlecht dabei fühlen."[8]

[6] Gerber, Ch.: LügenLeben. Die erschütternde Geschichte einer gutbürgerlichen Kindheit, 1995
[7] Korczak, J.: Wie man ein Kind lieben soll, 1967, S. 98   [8] Korczak, J., a.a.O., S. 98

Setzen sich Eltern, gleiches gilt auch für Mitarbeiterinnen und Mitarbeiter in sozialpädagogischen Berufen, nicht dem Prozess der Beobachtung, der Klärung eigener Abhängigkeiten und Ängste aus, sondern projizieren eigene Sehnsüchte, Vorstellungen, unreflektierte Gefühle auf das Kind, so vereinnahmen sie die Heranwachsenden für ihre Bedürfnisbefriedigung. Diesem Zugriff kann sich das Kind nur schwer entziehen.

Für viele Kinder, die ohne Geschwister aufwachsen, ist von daher eine Gruppe Gleichaltriger von besonderer Bedeutung. Zum einen, um sich von möglichen Vereinnahmungen durch die Eltern lösen zu können, zum anderen, um Erfahrungen im sozialen Umgang sammeln zu können.

Familienergänzende Institutionen haben in diesem Zusammenhang die wichtige Funktion, kindliches Autonomiebestreben zu unterstützen und zu fördern.

Liebe, die schon weiß, was das Kind braucht, wie es ist und sein wird, wie es sich fühlt, engt das Leben des Kindes ein. Nicht immer sind wir Erwachsenen uns der Motivation unserer Gefühle bewusst. Oft nehmen wir nicht wahr, dass wir Kinder mit unserer Art der Liebe belasten.

Auch erzwungene Liebkosungen sind Anmaßungen des Erwachsenen gegenüber Kindern. Mit welchem Recht nehmen Erwachsene Kinder auf den Schoß, wenn diese es gar nicht wollen? Zärtlichkeiten, die den Kindern lästig sind, sie aus dem Spiel oder ihren Erkundungen reißen, halten Erwachsene für Liebe. Möglicherweise aber sind gerade wir es, die diese Nähe und Wärme des kleinen Kinderkörpers brauchen, um dort Trost, Schutz, Geborgenheit zu suchen. „Hab mich lieb, ich bin traurig. Gib mir einen Kuss, dann schenk ich dir was. Das ist Egoismus, aber keine echte Liebe zum Kind"[9], so radikal formuliert es Janusz Korczak, der sich ein Leben lang im Zusammenleben mit Waisenkindern darum bemüht hat, Kinder in ihrer Eigenart ernst zu nehmen, und der das Recht des Kindes auf Achtung forderte. In der Forderung nach Achtung hat eine Liebe keinen Platz, die die Eigenständigkeit des Kindes unterdrückt.

• Soll mein Kind meine nicht gelebten Träume verwirklichen?

[9] Korczak, J.: Recht auf Achtung, 1970, S. 23

- Will ich, dass mein Kind meine Erwartungen erfüllt?
- Oder kann ich es mit seinen Schwächen akzeptieren und seine Fähigkeiten fördern, damit es ein eigenes, von mir unabhängiges Leben leben kann?

An den Erwartungen anderer orientiert, werden Menschen schnell zum Spielball der unterschiedlichsten Erwartungen und Meinungen. Sie lernen nicht, für das einzustehen, was ihnen selber wichtiger ist, ja, sie verlernen sogar zu spüren, was sie wollen und was nicht.

In einem Text von J.P. Hebel[10] wird demonstriert, wie es ausgehen kann, wenn jemand nicht gelernt hat, selbst für sich Verantwortung zu übernehmen:

• • • „Ein Mann reitet auf seinem Esel nach Haus und lässt seinen Buben zu Fuß nebenherlaufen. Kommt ein Wanderer und sagt: Das ist nicht recht, Vater, dass ihr reitet und lasst Euren Sohn laufen; ihr habt stärkere Glieder." Da stieg der Vater vom Esel herab und ließ den Sohn reiten. Kommt wieder ein Wandersmann und sagt: " Das ist nicht recht, Bursche, dass du reitest und lässest deinen Vater zu Fuß gehen. Du hast jüngere Beine." Da saßen beide auf und ritten eine Strecke. Kommt ein dritter Wandersmann und sagt: Was ist das für ein Unverstand, zwei Kerle auf einem schwachen Tier. Sollte man nicht einen Stock nehmen und euch beide hinabjagen?" Da stiegen beide ab und gingen zu Fuß, rechts und links der Vater und Sohn, und in der Mitte der Esel. Kommt ein vierter Wandersmann und sagt: „Ihr seid kuriose Gesellen. Ists nicht genug, wenn zwei zu Fuß gehen? Geht es nicht leichter, wenn einer von euch reitet? Da band der Vater dem Esel die vorderen Beine zusammen und der Sohn band ihm die hinteren Beine zusammen, zogen einen starken Baumpfahl durch, der an der Straße stand, und trugen den Esel auf der Achsel heim. So weit kanns kommen, wenn man es allen Leuten will recht machen." •

Ob wir Erziehung für allmächtig halten (John Locke), eher davon über-

[10] Hebel, J.P.: Seltsamer Spazierritt, in: Graf, L. u.a.(Hrsg.): Die Blumen des Blinden. Kurze Geschichten zum Nachdenken, 1983, S. 31–32

zeugt sind, dass Erziehung nicht viel bewirken kann, weil die genetischen oder göttlichen (guten oder schlechten) Anlagen sich letztendlich doch durchsetzen (Rousseau, Schopenhauer), oder ob wir das Kind als „Akteur seiner Entwicklung" (Piaget) oder als „Baumeister des Menschen" (Montessori) verstehen – immer befinden wir uns in guter Gesellschaft. Für alle diese und noch viele andere pädagogische Positionen gibt es in der Geschichte der Pädagogik genügend Vertreterinnen und Vertreter. Stellvertretend seien darum zwei der Hauptpositionen mit unterschiedlichen Beispielen kurz vorgestellt.

2.2 Ohnmacht der Erziehung

Seit dem 18. Jahrhundert wurde das Kind zunehmend zum Objekt pädagogischer Einwirkungen. Selbst Rousseau, der die gute Natur des Kindes zur Entfaltung bringen wollte, stand in der Tradition eines Erziehungsoptimismus. Auch er manipulierte die Erfahrungswelt des Kindes, indem er die Umwelt des Kindes für das Kind (und nicht mit ihm) strukturieren wollte.

„Alles ist gut, wie es aus den Händen des Schöpfers kommt; alles entartet unter den Händen des Menschen."[11]
J.J. Rousseau (1712–1778), von dem dieser Ausspruch stammt, geht davon aus, dass das Gute im Menschen angeboren sei. Von daher bedarf es einer entsprechenden Umgebung, in der sich die gute Natur entfalten kann. Die erste Lehrmeisterin ist die Natur selbst, aber auch Dinge und Situationen erziehen das Kind, der Erzieher/die Erzieherin hingegen hat sich weitgehend zurückzuhalten, seine/ihre Aufgabe ist es, zu beobachten, die Umgebung zu gestalten, vorbildhaft zu leben und „Zeit zu verlieren und nichts zu tun".[12]
In seinem Erziehungsroman „Emile" beschreibt Rousseau, dass alle direktiven erzieherischen Maßnahmen bis zum 12. Lebensjahr nichts nüt-

---

[11] Rousseau, J.J.: Emile oder über die Erziehung, 1987, 8. Aufl., S. 9
[12] Rousseau, J.J., a.a.O., S. 73

zen, da in dieser Lebensphase das Kind nicht in erster Linie durch Vernunft lernt, sondern durch eigene positive und negative Erfahrungen. Von daher ist auch Strafe nur sinnvoll, wenn sie als logische Konsequenz aus dem eigenen Verhalten ableitbar ist. Moralisierende und „vernünftelnde" Eingriffe mit Appellen an die Einsicht sieht Rousseau als nicht förderlich an. Die Konsequenz aus seinen Überlegungen lautet: das Kind möglichst ohne Beeinflussung *„wachsenzulassen"*, damit sich die unschuldige gute Natur frei entfalten kann.

Auch der Philosoph Schopenhauer (1788–1860) traut der Erziehung wenig zu. Im Gegensatz zu Rousseau glaubt er aber nicht an das Gute im Menschen, sondern er hat eine pessimistische Haltung:

Der Mensch ist von Grund auf egoistisch, will seinen Willen durchsetzen und hat Freude am Leiden der anderen. Seine Boshaftigkeit steigert er bis zur Grausamkeit. Zwar hat der Mensch neben den Grundtrieben des Egoismus und der Bosheit auch einen Grundtrieb des Mitleides, aber dieser entwickelt sich als Lebenseinstellung eher selten, da der boshafte Trieb stärker ist. Die Grundausstattung des Menschen kann durch die beste Erziehung nicht verändert werden. Trotzdem ist Erziehung bedingt möglich, da der Intellekt des Menschen geschult werden kann, der Charakter hingegen ist nicht veränderbar. Schopenhauers pessimistisches Menschenbild wird an folgendem Zitat deutlich:

„Wenn wir nun die hier gewonnene Überzeugung von der Erblichkeit des Charakters ... in Verbindung setzen mit ... der völligen Unveränderlichkeit sowohl des Charakters, als der Geistesfähigkeiten, so werden wir zu der Ansicht hingeleitet, dass eine wirkliche und gründliche Veredelung des Menschengeschlechts nicht sowohl von außen als von innen, also nicht sowohl durch Lehre und Bildung, als vielmehr auf dem Wege der Generation zu erlangen seyn möchte ... "[13].

Seine Schlussfolgerung lautet, dass Veränderungen nicht durch Erziehung, sondern nur durch „Menschenzüchtung" von Generation zu Generation erfolgen können.

---

[13] Schopenhauer, A., in: März, F.: Problemgeschichte der Pädagogik, Bd. II, 1980, S. 44

„Könnte man alle Schurken kastrieren und alle dummen Gänse ins Kloster stecken, den Leuten von edlem Charakter ein ganzes Harem beigeben und allen Mädchen von Geist und Verstand Männer, und zwar ganze Männer, so würde bald eine Generation erstehen, die ein mehr als perikleisches Zeitalter darstellte."[14]

Im Nationalsozialismus wurde diese Ansicht traurige Realität: sei es durch die Rassenreinhaltungsgesetze oder durch Institutionen, in denen arische Frauen und Männer arische Kinder zeugen sollten.

Vorstellungen vom Menschen bewirken bestimmte Umgangsweisen und Interaktionen, die, wie wir zuletzt gesehen haben, selbst Grausamkeiten und die Vernichtung von Menschen zu legitimieren versuchen.

Wurde in den bisher vorgestellten Ansätzen der Erziehung wenig oder gar nichts zugetraut, so werden im folgenden Ansätze beschrieben, in denen die Erziehung oder die Umwelt einen großen (oder gar den entscheidenden) Einfluss auf die Persönlichkeitsentwicklung haben.

2.3 Allmacht der Erziehung

Die Erzieher als Baumeister oder Architekten, die entwerfen, planen und formen, dies ist die Vorstellung von Erziehung, in der (fast) alles mit dem „Material" oder „Objekt" Kind möglich ist.

In der Geschichte der Pädagogik gibt es bis heute genügend Vertreter, die entsprechend eines solchen „pädagogischen Optimismus" denken und handeln. So wurde das Kind z.B. als leere Tafel (Tabula rasa) gesehen, in die erst durch Erziehung das Wahre und Gute eingeritzt wurde (z.B. John Locke 1632–1704). Von daher wurde es nötig, sich mit den „richtigen" Erziehungszielen, Methoden und Inhalten zu beschäftigen. Kinder wurden zunehmend zu Objekten einer Erwachsenenwelt, die sich Gedanken darüber machte, was für das Kind gut und wie dieses Gute am besten umzusetzen sei. Ausgangspunkt war und ist die Überzeugung einer einzigen

---

[14] Schopenhauer, A., a.a.O.

Wahrheit und Wirklichkeit – das was richtig ist, bestimmt der Erzieher oder die Erzieherin.

Berthold Brecht hat die Grundhaltung einer solchen Erziehung im folgenden Gedicht eindrücklich dargestellt:

* * * *Was ein Kind gesagt bekommt*[15]

Der liebe Gott sieht alles.
Man spart für den Fall des Falles.
Die werden nichts, die taugen nichts.
Schmökern ist schlecht für die Augen.
Kohlentragen stärkt die Glieder.
Die schöne Kinderzeit, die kommt nicht wieder.
Man lacht nicht über ein Gebrechen.
Du sollst Erwachsenen nicht widersprechen.
Man greift nicht zuerst in die Schüssel bei Tisch.
Sonntagsspaziergang macht frisch.
Zum Alter ist man ehrerbötig.
Süßigkeiten sind für den Körper nicht nötig.
Kartoffeln sind gesund.
Ein Kind hält den Mund. *

Die logische pädagogische Konsequenz aus solch einem Menschenbild lautet demnach:
a) Erziehung vermag alles,
b) Erzieherinnen und Erzieher haben eine absolute Machtstellung inne, denn das Kind weiß noch nicht, was für es gut ist.
c) Sie legen fest, was und wie das Kind lernt.
d) Methoden, wie Züchtigung oder Disziplinierung, *formen, lenken, führen* sind die konsequente Folge dieser Auffassung.

---

[15] Brecht, B., in: Neubauer, G./Sünker, H.: Kindheitspolitik international, 1993, S. 44

2.4 Gemeinsam unterwegs

Ist es so, dass wir Erwachsene als „fertige Personen" Kinder zu erziehen haben, die noch „unfertig" sind? Oder stehenErwachsene und Kinder nicht gleichermaßen vor der Aufgabe, *ihre* Balance in *ihrer* jeweiligen Lebens- und Entwicklungssituation finden zu müssen? Können wir nicht miteinander und voneinander lernen? Diese fragende Haltung könnte uns veranlassen, von unserer Überheblichkeit und Ungeduld Kindern gegenüber Abstand zu nehmen. Die Erkenntnis, dass es im Umgang mit Kindern eine Chance sein kann, miteinander zu wachsen und sich gemeinsam zu entwickeln, ließe eine ganz neue Sicht auf Erziehung und Beziehung zwischen Erwachsenen und Kindern zu.

Auch wenn es in den entscheidenden ersten Lebensjahren nicht unwichtig ist, ob Kinder Eltern und Vorbilder haben, die mit ihren eigenen bipolaren Grundbedürfnissen nach Kontinuität und Veränderung, nach Nähe und Distanz, nach Autonomie und Bindung, nach Ichwerdung und Selbsthingabe lebendig umgehen konnten, so bedeutet das nicht, dass nur solche Erwachsene Kinder erziehen könnten, die ihre Balance gefunden haben. Balance im Hinblick auf die eigenen Lebensimpulse ist nicht als irgendwann einmal erreichtes Endprodukt zu verstehen, sondern ist ein lebenslanger Entwicklungsprozess. Das bedeutet, immer wieder, täglich neu auf der Suche zu sein.

Erwachsene, die *auf der Suche* nach ihren Wurzeln und Flügeln sind, stellen in erster Linie Fragen und haben nicht für alles eine Antwort, sie sind unterwegs. Sie spüren ihre Ängste und Unsicherheiten, ihre eigenen Überforderungen und Defizite. Auch sie bleiben nicht von Krisen verschont.

Eine grundlegende Haltung als Fragende und Suchende aber könnte uns sensibler und verständnisvoller werden lassen, nicht nur für die „schwere Arbeit des Wachsens" (Korczak) unserer Kinder, sondern auch für unsere eigenen Entwicklungsaufgaben.

Zum Glück weigern sich Kinder immer wieder, unserer Definition von ihnen zu entsprechen. Sie sehen die Welt aus ihrer Sicht und wollen ihren Möglichkeiten gemäß leben.

Festzustellen, dass das Kind anders ist als alle Bilder, Entwürfe und Pläne von ihm, hieße, erst beobachten und wahrnehmen zu wollen, wie dieser Mensch denkt, handelt, fühlt.

Respekt und Achtung vor der kindlichen Persönlichkeit schließen sowohl einen Erziehungsoptimismus, als auch einen Erziehungspessimismus aus. Aus einer grundlegenden Haltung der Achtung wird der andere mit seinen bipolaren Bedürfnissen, die je nach Entwicklung unterschiedlich akzentuiert sein können, ernst genommen.

Das schließt eine wechselseitige Entwicklung von Kindern und Erwachsenen ein. Kinder fordern Erwachsene durch ihre Bedürfnisse, ihre Weltneugier und ihre Offenheit heraus. Kinder sind an der Person der Erwachsenen interessiert, sie wollen deren Gefühle, Einstellungen und Lebenshaltungen kennen lernen. Erwachsene, die Kinder in deren Entwicklung begleiten und sich von ihnen auf eigene Urteile, Vorurteile, Wirklichkeitsauffassungen hinterfragen lassen, werden selbst mit verändert. Es ist eine grundlegende Entscheidung, die wir zu treffen haben, wenn wir Kinder erziehen:

Nämlich, „... ob wir das Kind systematisch zu unserem eigenen, bisher erreichten Standard heranziehen – zu unserem Denken und Fühlen und zu unserer Art, mit Dingen und Menschen umzugehen – oder ob wir uns durch das Zusammensein mit dem Kind in unserem eigenen Leben so berühren lassen, als stünden wir selbst noch einmal am Anfang."[16]

Gerade aus Achtung und Respekt vor dem Anderssein des anderen, eigene Entwürfe zu hinterfragen und sich auf das Geheimnisvolle und Unplanbare einzulassen – das wäre vielleicht ein erster Schritt, der für Kinder und Erwachsene gleichermaßen entwicklungsfördernd sein könnte.

Die Annahme einer einzigen Wirklichkeit beeinflusst die Interaktion zwischen Kindern und Erwachsenen ebenso wie die Annahme, dass die eigene Sicht der Wirklichkeit sich von der des Kindes erheblich unterscheidet, beide gleichberechtigt nebeneinander stehen, und wir voneinander lernen können. Das Ergebnis von Kommunikation und Interaktion könnte zu ei-

---

[16] Wild, R.: Sein zum Erziehen, 1991, S. 17

nem gemeinsamen Aushandeln verschiedener Wirklichkeiten führen, in der sowohl die Weltsicht des Kindes als auch die des Erwachsenen ihre Berechtigung haben.

Ein Bewusstsein von den Grenzen des Machbaren und Planbaren würde uns vor Allmachtsfantasien[17] bewahren. Die Bereitschaft, einem Entwurf lediglich Platzhalterfunktion einzuräumen, ihn dann aber auch wieder zu lassen, ließe uns und dem Anderen Zukunft und Möglichkeiten offen.

Wer anfängt, seine Vorurteile und sentimentalen oder romantischen Bilder über Kinder aufzugeben, beginnt zu verstehen, dass er nichts weiß. „Kinder sind nicht so, wie du gemeint hast, sie sind ganz anders."[18]

---

[17] vgl. hierzu: Richter, H.E.: Der Gotteskomplex. Die Geburt und die Krise des Glaubens an die Allmacht des Menschen, 1986

[18] Korczak, J.: Wie man ein Kind lieben soll, 1967, S. 44

3 Miteinander wachsen – Erziehung zum Sein

„Wir müssen belehren, lenken, den rechten Weg weisen, zügeln, zurückhalten, berichtigen, warnen, vorbeugen, zwingen und bekämpfen"[1], bemerkt Janusz Korczak, der polnische Pädagoge und Waisenhausvater kritisch, indem er das von ihm beobachtete Erzieherverhalten seiner Zeit beschreibt. Durch den Glauben an die unbegrenzte Möglichkeit der Erziehung erblindet zunehmend das innere Auge für alles Nichtmechanische, Unvorhersagbare, Unkontrollierbare, Geheimnisvolle im menschlichen Sein, auf das Korczak in seinen Werken immer wieder den Blick lenkt.

„Die ganze moderne Pädagogik trachtet danach, bequeme Kinder heranzubilden, sie strebt konsequent und Schritt für Schritt danach, alles einzuschläfern, zu unterdrücken und auszumerzen, was Willen und Freiheit des Kindes ausmacht, seine Seelenstärke, die Kraft seines Verlangens und seiner Absichten. Artig, gehorsam, gut, bequem, aber ohne einen Gedanken daran, dass es innerlich unfrei und lebensuntüchtig sein wird."[2]

Janusz Korczak beanstandet hier, wie durch Erziehung und durch die Pädagogisierung des kindlichen Lebensraumes, den Kindern Erfahrungsmöglichkeiten und individuelles Sein genommen werden. Ihre reiche Gefühlswelt wird reduziert auf „erwünschte Gefühle". Ihre spontanen Willensäußerungen, ihre aktive Suche nach Beteiligung und Sinnorientierung, nach Einssein mit allem Lebendigen werden auf „erwünschtes Verhalten" zurechtgestutzt.

Das sokratische „Ich weiß, dass ich nichts weiß" bewahrte den Pädagogen Korczak vor autoritären Eingriffen und idealtypischen Erziehungsvorstellungen. „Sein Konzept war die Offenheit des Lebens".[3]

Da es sich bei Korczak nicht um eine neue Methode im Umgang mit Kindern und auch um kein didaktisches Konzept gehandelt hat, passt seine

[1] Korczak, J.: Das Recht des Kindes auf Achtung, (im folgenden RaA), 1973, S. 13
[2] Korczak, J., a.a.O., S.12
[3] Härtling, P.: Vorwort, in: Korczak J.: Von Kindern und anderen Vorbildern, 1979, S.14

„Haltung der Achtung" nicht so ohne weiteres zu den bisher vorgestellten Ansätzen. Und doch möchte ich im folgenden Janusz Korczaks Leben und Werk etwas ausführlicher behandeln, weil sein Menschenbild, seine „Ehrfurcht vor dem Leben" und seine radikale Haltung der Achtung der kindlichen Persönlichkeit uns in unseren Überlegungen weiterhelfen und neue Fragen aufwerfen kann.

- ### Wer war Janusz Korczak?

Bis vor einiger Zeit war Korczak weniger als Pädagoge bekannt denn als der Mann, der 1942 mit seinen 200 Waisenkindern seinen letzten Weg durch die Straßen des Warschauer Gettos antrat – einen Marsch, der ihn und seine Kinder nach Treblinka in die Gaskammern führte. Korczak, der mehrfach von wohlmeinenden Freunden Ausreisemöglichkeiten bekommen hatte, begleitete seine Kinder freiwillig in den Tod. Von diesem Ende her wird seine Haltung zum Kind, die eine begleitende, liebende und achtende war, deutlich. Seine anthropologische Grundeinstellung zieht sich durch sein Leben und Werk.

Janusz Korczak wurde als Henryk Goldszmit am 22. Juli 1878 geboren, sein Vater war ein Warschauer Anwalt und assimilierter polnischer Jude. Der unter Depressionen leidende Vater starb, als Henryk 17 Jahre alt war. Nach dessen Tode musste der Junge für sich, seine Schwester und Mutter sorgen, da sich sein Vater auf Grund seiner Spielleidenschaft verschuldet hatte.

So erlebte Henryk Goldszmit sozialen Abstieg und Entbehrungen und musste durch Nachhilfestunden und Gelegenheitsarbeiten zum Unterhalt der Familie beitragen.

Mit diesen Erfahrungen von einerseits Wohlstand und andererseits Armut setzte er sich später in seinen Romanen „Kinder der Straße" (1901) und „Kind des Salons" (1904) auseinander.

Der kleine Henryk wuchs auf, wie er selber schreibt, als „Salonkind", zwischen Plüschsofas und Orientteppichen, behütet von Mutter, Großmutter und französischen Gouvernanten. Eine Kindheit, in der früh die Sehnsucht geweckt wurde, das eigentliche Leben kennen zu lernen, das Leben der

„Straßenkinder", die draußen herumtollen durften und im Gegensatz zu ihm Abenteuer erleben und Erfahrungen machen konnten. Er beschreibt 1904 diese beiden Lebenswelten in seiner als autobiografisch zu verstehenden Schrift „Das Kind des Salons" und knüpft dabei thematisch an den bereits 1901 veröffentlichten Roman „Die Kinder der Straße" an.

1904 beendet Korczak sein Medizinstudium und übernimmt eine Arbeit in einem Kinderkrankenhaus in Warschau. Auf dem Weg, ein bekannter Modearzt zu werden, gibt er seine Karriere auf und übernimmt 1911 das nach seinen Entwürfen errichtete Waisenhaus Dom Sierot, dem er 30 Jahre als Waisenhausvater vorstand und mit dessen Kindern er 1940 ins Warschauer Getto umziehen muss. Dort lebten Mitarbeiter und Kinder, eingeengt unter unbeschreiblichen Bedingungen, bis die Nazis am 22. Juli 1942 mit der Massentötung der Bevölkerung des Warschauer Gettos begannen. Am 5. August 1942 war auch das Waisenhaus an der Reihe. Korczak, die Mitarbeiterinnen und Mitarbeiter und die Kinder des Waisenhauses wurden nach Treblinka verschleppt. Dort verlieren sich ihre Spuren.

Neben der Leitung des Waisenhauses war Korczak unentwegt damit beschäftigt, seine Erfahrungen zu reflektieren. In seinen pädagogischen Hauptwerken „Wie man ein Kind lieben soll" (1914–1918) und das „Recht auf Achtung" (1928) stellt er in erzählender Form seine durch Erfahrung und liebenden Einsatz gewonnenen Einsichten für einen besseren Umgang miteinander vor. Kein geschlossenes Theoriesystem erwartet uns, keine methodischen Verhaltensvorschläge und keine pädagogischen Rezepte.

„Korczak war frei von der so genannten Wissenschaftssprache und von Modevokabular; wohltuend in einer Zeit ‚banaler Phrase‘ und kalter intellektualisierter Jargonpädagogik"[4] bemerken Erich Dauzenroth und Adolf Hampel in ihrem Vorwort zu dem Werk: „Von Kindern und anderen Vorbildern".

Dass Korczak sich selbst den Dichtern und Schriftstellern mehr verpflichtet fühlte als den Rednern aus der pädagogischen Fakultät wird beim Le-

---

[4] Dauzenroth, E./Hampel, A.: Einlassung mit Korczak, in: Korczak, J.: Von Kindern und anderen Vorbildern, 1979, S. 18

sen seiner Werke deutlich. In der Auseinandersetzung mit Korczaks Texten kommen existenzielle Momente zur Sprache. Sensibilisierung und Korrektur eigener Erfahrung wird möglich, Leserinnen und Leser werden bewegt und gelangen zu neuem Sehen und Verstehen.

Mit dem Wert, den Korczak der persönlichen Erfahrung beimisst, tritt auch die Wertschätzung und die Forderung einer radikalen Achtung der individuellen Erfahrung und des Geheimnisses des je einzelnen in den Mittelpunkt seines Denkens und Handelns.

Die Kinderbücher „König Hänschen" (1923) und „König Hänschen auf der einsamen Insel" (1928) wurden von vielen Kindern gelesen.

1972 wurde Janusz Korczak mit dem Friedenspreis des Deutschen Buchhandels ausgezeichnet, seit dieser Zeit ist auch die pädagogische Forschung in Westdeutschland wieder intensiviert worden.

3.1 Das Kind wird nicht erst ein Mensch, es ist schon einer

Das gängige System von oben nach unten wird von Korczak durchbrochen und in ein symmetrisches Beziehungsgefüge gestellt. Der Erzieher handelt in einer konkreten Lebenssituation so, dass das Kind nicht erst zum Menschen erzogen werden muss, sondern bereits als vollgültiger Mensch respektiert wird.

Der Mensch wird bei Korczak nicht zum Forschungsobjekt degradiert, sondern als Subjekt, als eigenständiges Wesen in seiner Einmaligkeit ernst genommen.

Korczak sieht im Kind einen vollwertigen Interaktionspartner, dessen einzigartige Individualität und dessen Andersartigkeit gewahrt, geschützt, geachtet werden müssen, und zwar radikal – von der Wurzel her.

„Wann wird jener glückliche Augenblick kommen, da das Leben der Erwachsenen und das der Kinder gleichwertig nebeneinander stehen werden."[5]

---

[5] RaA, S. 205

Wollen wir Korczak verstehen, so müssen wir das traditionelle Erzieher-Zögling-Verhältnis verlassen, es geht bei ihm um eine Theorie und Praxis des gelebten Lebens, in dem Erziehung zu einem dialogischen Verhältnis wird.

Korczak wendet sich gegen ein mechanistisches Welt- und Menschenbild und rechnet stattdessen mit dem Unplanbaren und Nichtmethodisierbaren im menschlichen Sein.

„Oh, ich liebkose diese Kinder mit meinen Blicken, mit meinen Gedanken und der Frage: wer seid ihr, wunderbares Geheimnis, und was verbirgt sich in euch?"

Dieses Zitat aus Korczaks pädagogischer Schrift: „Wie man ein Kind lieben soll" vermittelt einen ersten Eindruck von Korczaks Annäherung an das Kind. Zum einen wird spürbar, wie Korczak sich als Fragender, Suchender und Beobachter dem Kind nähert, um es zu verstehen; zum anderen rechnete Korczak neben aller exakten Forschung, die er selbst betrieb, damit, dass sich das Kind entzieht, geheimnisvoll, unplanbar und unkontrollierbar bleibt.[6]

Jegliche Pädagogisierung in Form von Belehrung, Darstellung und Annahme eines einzig Richtigen, Zurechtweisung, Abnahme von Verantwortung führt zu einer *Infantilisierung des Kindes"* (Giesecke) und damit zu einer Missachtung der kindlichen Persönlichkeit. „Nnnein, nein- und nein! Ich glaube nicht an den Wert einer sorgfältigen Erziehung, ich glaube ganz und gar nicht."[7]

Korczak hat die Gefahr der Pädagogisierung schon sehr früh erkannt und vor den Psychologen und Pädagogen gewarnt, die der intentionalen Erziehung einen zu hohen Stellenwert einräumen:

„Ich werde ein nachsichtiges Lächeln oder eine Grimasse des Missbehagens hervorrufen, wenn ich sage, dass ich ebenso würdig ein zweibändiges Buch über Waschen und Wäscherinnen wäre wie über Psychoanalyse, dass die Küche und eine Suppe mehr Intelligenz und Initiative erfordern als ein

---

[6] Korczak, J.: Wie man ein Kind lieben soll, 1967, S. 36
[7] Korczak, J.: Verteidigt die Kinder, S. 96

bakteriologisches Labor und ein Mikroskop. Und ich würde gerade einen Säugling lieber einer rechtschaffenen Kinderfrau anvertrauen als einer Charlotte Bühler."[8] (Charlotte Bühler war eine bekannte Kinderpsychologin.)

Die Erfahrungen des Kindes, sein Lebensgeheimnis, seine Gefühle müssen sowohl vor dem Zugriff einer besitzergreifenden Liebe als auch vor den verhängnisvollen Vorstellungen der Erwachsenen geschützt werden.

3.2 Gestaltung gemeinsamer Lebensbereiche von Kindern und Erwachsenen

Solange durch die Struktur unserer Lebensform die Aufteilung in Erwachsenenwelt und Kinderwelt (die wiederum auch weitgehend von Erwachsenen vorgegeben wird) vorliegt, hängt es in erster Linie vom Ermessen, Wohlwollen oder Gutdünken des Erziehers ab, inwieweit er das Kind an seinem Leben teilnehmen lässt, bzw. es ausgrenzt und ihm Sonderwelten zuteilt und diese *für* das Kind, selten *mit* ihm, gestaltet. Je mehr das Kind aus dem gesellschaftlichen Leben der Erwachsenen ausgegliedert und ihm eine eigene Sphäre zugedacht wird, umso vielfältiger und umfassender müssen vermittelbare Bildungsinhalte eingesetzt werden, die zum Zweck der Eingliederungshilfe nötig werden. Je weiter der Lebensbereich des Erwachsenen vom Lebensbereich des Kindes entfernt ist, desto mehr wird dieser zur „pädagogischen Provinz".

Mollenhauer bezeichnet diesen Vorgang der Bildung als einen Prozess von außen nach innen und hält ihn dort für sinnvoll, wo „in vorgegebene Sinnhorizonte eingefädelt wird – in Sozialstruktur, in Beziehungsgruppen, in Kultur und Lebenswelten."[9]

Erziehung von außen nach innen wird da zunehmend notwendig, wo gemeinsame Erfahrungsbereiche von Erwachsenen und Kindern fehlen. Ne-

---

[8] Korczak, J., a.a.O., S. 25
[9] Mollenhauer, K.: Vergessene Zusammenhänge, 1983, S. 68f

ben der Bildung von außen gibt es auch eine Bewegung, die als von *innen nach außen* zu charakterisieren wäre, und die wir in Korczaks Pädagogik vermehrt finden. Dann nämlich, wenn sich die gesellschaftliche Welt des Erwachsenen und des Kindes überschneiden, sind weniger methodisierte zielorientierte Erziehungsimpulse nötig, da durch die größere gemeinsame Umgangssituation mehr Erfahrungen miteinander, und dadurch mehr emotionales, kognitives und soziales Lernen für Erzieher und Kinder möglich wird. Die Begegnung zwischen Kindern und Erwachsenen wird zur Aufforderung, affektive und kognitive Kräfte werden mobilisiert und drängen zur Selbsttätigkeit. Korczak hebt im Umgang mit seinen Heimkindern die intentionale pädagogische Sphäre auf, indem Erwachsene und Kinder miteinander leben, arbeiten, Entscheidungen treffen, im Kinderparlament und Kindergericht eine gleichberechtigte Stimme erhalten, sie gemeinsam eine Kinderzeitung, die „Kleine Rundschau", entwickeln.

Erfahrung als Selbst- und Welterfahrung geschieht dort, wo sich Menschen in *lebendigen Umgangssituationen* miteinander verbunden fühlen, wo sie miteinander lieben, lachen, spielen, arbeiten, wo sie fröhlich, aber auch traurig, wütend und ängstlich sein dürfen. In alltäglichen Lebenssituationen ist jeder Mensch immer wieder von anderen umgeben; erst in der *Fülle* menschlicher Lebensäußerungen wird das individuell Konkrete möglich, da das Ausrichten des eigenen Denkens, Tuns und Fühlens im Spiegel der Anderen erfahren wird. Das Kind, dem Erfahrungen fehlen, ist darauf angewiesen, dass ein verlässliches, kontinuierliches und liebendes Du als Weltvermittler auftritt, um mit ihm die Welt zu deuten. In der Begegnung mit der Welt erwachen Staunen, Fragen, Erfolge, Misserfolge; das Kind erfährt Liebe und Hass, Trauer, Freude und Angst.

Als Voraussetzung für den personalen Dialog gilt auch hier die gegenseitige Achtung der Partner, die grundsätzlich den gleichen Wert haben, unabhängig davon, ob das Leben des einen schon länger dauert und darum mehr Erfahrungen beinhaltet oder das Leben des anderen kürzer ist und weniger Erfahrungen aufzuweisen hat.

3.3 Lernen in lebendigen Umgangssituationen

Mit dem Vorrang des gelebten Lebens und der je eigenen Erfahrung vor jeglicher Theoretisierung und Pädagogisierung nimmt Korczak eine für mich interessante Umgewichtung in zweifacher Hinsicht vor:

a) Er gibt den *lebendigen, menschlichen Umgangssituationen* mit Erfahrungen, die im Hier und Jetzt und immer wieder neu entstehen können, Vorrang vor der intentionalen (zielorientierten) Erziehung.

b) Er entlarvt die Vorstellung von der Menschwerdung des Kindes durch Erziehung als Omnipotenzwahn des Erwachsenen und stellt dem eine dialogische Einstellung zum Leben und zum Kind gegenüber.

zu a): Umgangssituationen

Brezinka wies 1975 darauf hin, dass nicht einheitlich von einem Erziehungsbegriff gesprochen werden könne, er unterscheidet einen „Handlungsbegriff und einen Geschehensbegriff von Erziehung".[10] Einerseits sind „demnach (sind) unter Erziehung Handlungen zu verstehen, die in der Absicht erfolgen, in anderen Menschen gemäss für sie gesetzten Normen (Sollensforderungen, Idealen, Zielen) psychische Dispositionen hervorzubringen, zu fördern, zu ändern, abzubauen oder zu erhalten. Andererseits ist es eine allgemein anerkannte Tatsache, dass die Persönlichkeit durch unübersehbar viele soziale Prozesse, bei denen keine Förderungsabsicht vorliegt ... verändert wird."[11] Den „Geschehensbegriff der Erziehung" ordnet Brezinka der neueren Pädagogik zu und vergleicht diesen mit dem bisher dafür verwendeten Begriff der funktionalen Erziehung.

Der *Handlungsbegriff der Erziehung,* der dem Grundmuster der Pädagogik des pädagogischen Optimismus am nächsten kommt, wird von Korczak nur bedingt geteilt. Er hat keine Vorstellungen, Ideale und Zukunftsziele für die Kinder bereit.

---

[10] Brezinka, W.: Erziehungsbegriffe in: Handlexikon zur Erziehungswissenschaft, Hrsg. Roth, L., 1976
[11] Brezinka, W., a.a.O., S. 129

Er bezweifelt den Wert von Erziehungszielen und erkennt, dass sie sich der Entwicklung des Kindes in den Weg stellen können:

„Was bin ich euch, wenn nicht Ballast für euren freien Flug, Spinnweb auf euren bunten Flügeln, die Schere, die der blutigen Pflicht genügt, eure keimenden Triebe zu beschneiden. Ich bin ein Hindernis auf eurem Weg, der ratlos hin und her Schwankende, der Krittler, der euch zusetzt, der Unaufrichtige, Verschweigende, farblos und lächerlich, wenn ich euch überzeugen möchte."[12]

zu b): Dialogische Einstellung zum Leben und zum Kind statt Vorstellungen von der Allmacht der Erziehung

„Die Hälfte der Menschheit ist nicht in vollem Sinne existent; ihr Leben ist ein Geschwätz, ihre Bestrebungen sind naiv, ihre Gefühle vergänglich, ihre Ansichten lächerlich. Kinder unterscheiden sich von den Erwachsenen; es fehlt etwas in ihrem Leben und doch ist in ihrem Dasein ein unbestimmbares „Mehr" als in unserem, aber dieses von unserem Dasein unterschiedene Leben ist Wirklichkeit, nicht Vorausschau. Was haben wir denn dazu getan, um es zu erkennen und die Bedingungen zu schaffen, unter denen es bestehen und reifen kann?"[13]

Die Beschreibung von uns Erwachsenen, die wir unser Leben nicht leben und es wie ein Geschwätz verbringen im Gegensatz zu Kindern, die über ein unbestimmbares „Mehr" verfügen, stimmt mich nachdenklich.

Das welterkundende, noch spontane Kind erlebt im Gegensatz zum allwissenden, nicht mehr staunenden und fragenden Erwachsenen, das „Mehr" an Leben in vielfältigen, natürlichen, ungeplanten Erlebnissen und tiefen Gefühlsdimensionen. Diese Wirklichkeit des Kindes, die sich von der Erwachsenenwirklichkeit unterscheidet, gilt es bedingungslos zu achten.

In natürlichen Umgangssituationen (Familie, Kindergruppe, Alltag) gibt es viele Möglichkeiten wahrzunehmen, teilzunehmen, nachzuahmen und auszuprobieren. Täglich neu gewonnene Erfahrungen können in den eige-

---

[12] Korczak, J.: Wie man ein Kind lieben soll, 1967, S. 181
[13] Korczak, J., a.a.O., S. 44

nen sich bildenden Lebenszusammenhang eingeordnet werden, es bilden sich Typisierungen, Muster, Abgrenzungs- und Zugehörigkeitskategorien. Erst im Bild der anderen kann sich die eigene Identität entwickeln. Das Kind entwickelt sich zu einem „definierten Ich innerhalb einer sozialen Realität"[14], was Erikson mit „Ich-Identität" bezeichnet.

Eine Umgewichtung zu Gunsten des Umgangsaspekts in der Erziehung wird dort sozusagen als Antithese nötig, wo einseitig intentionale Erziehung mit bestimmten Vorstellungen und einem Erziehungsoptimismus vertreten und gelebt werden.

Eine solche nichtpädagogische Pädagogik, wie sie Korczak gelebt hat, halte ich für eine außergewöhnliche Herausforderung für den Erzieher, die Erzieherin als *Person*. Denn der Mensch hinter der Rolle des Sozialpädagogen, der Sozialpädagogin, des Lehrers, der Lehrerin ist gefragt, und hierzu bedarf es, wie bereits erwähnt, der Selbsterziehung und eines Umgangs mit sich selbst, bei dem im Denken, Fühlen und Handeln alles Kindliche und Schwache in uns Erwachsenen ebenso erfahrbar werden darf, wie das Erwachsene, das durch Erfahrung und Wissen Gewachsene.

Es wird deutlich, wie brisant der Balanceakt ist zwischen nötiger Handlungsaufforderung und Seinlassen und der Überprüfung der genauen Motive von Erziehern, die u.U. nötige Erfahrungen von Kindern verhindern, weil z.B. die Angst um das Kind zu groß ist oder sie die Vorstellung vom Lebensweg ihres Kindes aufrechterhalten wollen. Achtung bedeutet für Korczak, den Kindern ihren eigenen Weg zuzutrauen und auch zuzumuten, auch wenn er der „allerschlimmste Weg" wäre, so ist er doch für diesen Menschen der einzig Richtige, weil er sein eigener ist.

„Wohin soll ich euch führen? Zu großen Ideen, bedeutsamen Taten? Oder soll ich euch lediglich den Weg weisen zur Erfüllung notwendiger Pflichten, ohne die die Gesellschaft euch ausschließt, damit ihr wenigstens eure Würde bewahren könnt? Habe ich wohl das Recht, für dieses bisschen Nahrung und Betreuung einiger weniger Jahre euch zu befehlen, von euch etwas zu fordern oder gar zu wollen? Vielleicht ist für jeden von euch der

---

[14] Erikson, Erik: Identität und Lebenszyklus, 1981, S. 17

eigene Weg – und wenn es der allerschlimmste wäre – der einzig Richtige?"[15]

Kindern mit Achtung und Ehrfurcht gegenüberzutreten und die Bedingungen und Voraussetzungen zu schaffen, damit sie zu ihren besten Entwicklungsmöglichkeiten gelangen können, gehört wohl zu den wichtigsten Aufgaben, die wir im Umgang mit Kindern haben.

Glauben wir *nicht* an die Entwicklungsmöglichkeiten des Kindes und greifen ständig mit „bester Absicht" in den Entwicklungsprozess ein, dann werden wir beim Kind entweder eine zwanghafte Anpassung oder Widerstand und Rebellion erzeugen. Beides entspricht nicht einem „Werde, der du sein kannst", sondern hält das Kind fest in dem „Werde, wie ich dich haben will".

„Alle Anzeichen deuten darauf hin, dass heteronomes Eingreifen in die Wachstumsprozesse des Kindes und des Erwachsenen die tiefste Ursache geistig-seelischer Störungen, speziell der Destruktivität sind."[16]

3.4 Liebe und Achtung in der Erziehung

Wenn es uns gelänge, eine Basis wechselseitiger, dialogischer Kommunikation mit Kindern zu finden, dann eröffnete sich der Blick in die Welt und Wirklichkeit des Kindes. Voraussetzung dafür wäre eine grundsätzliche Haltung des „Ich-weiß-nicht". Eine solche Haltung steht in einem gravierenden Gegensatz zu der Haltung des „Ich-weiß-schon (besser als du selbst) wie du denkst, fühlst und handelst".

Wahrnehmende Liebe setzt auf die Möglichkeiten des anderen, nicht auf unseren Entwurf von ihm. Sich überraschen lassen, aus dem anderen Menschen dessen noch nicht gelebte Möglichkeiten herauslieben, die weder seinem Entwurf von sich noch meinem von ihm entsprechen, mit immer neuen Möglichkeiten beim Anderen und bei sich selbst zu rechnen, Entwürfe

[15] Korczak, J., a.a.O., S. 231
[16] Fromm, E.: Haben oder Sein, 1993, S. 82

zu verändern, jeden Tag, jeden Moment neu – wer wollte so nicht geliebt werden?

Somit wäre Erziehung in wahrnehmender Liebe vieles: Beobachten und (sinnlich) Wahrnehmen, Handeln und Geschehenlassen, Planen und mit dem Geheimnisvollen rechnen, Festhalten und Loslassen. Diese Polaritäten stellen den Balanceakt der Erziehung dar.

Kinder gehören uns nicht, sie sind kein Besitz, sie gehören sich selbst. Mit der Geburt geschieht die körperliche Trennung zwischen Mutter und Kind, der die Erfahrung und Akzeptanz der Einmaligkeit des Lebens dieses Säuglings folgt. Diese Akzeptanz könnte die Vorwegnahme der ständig zunehmenden Individuation und Loslösung des Kindes sein und wäre die Voraussetzung dafür, dass Liebe zwischen Eltern und Kindern nicht als asymmetrisch-hierarchisches Beziehungsmuster mit Abhängigkeiten, sondern als dialogischer Prozess zwischen zwei Menschen, die gleichwertig sind, verstanden wird.

Wahrnehmung und die genaue Beobachtung sind wichtige Dimensionen einer befreienden Liebe. Nur durch authentische Anteilnahme an der Existenz des Kindes, durch Teilhabe an seinem Leben in Achtung vor seiner Individualität kann eine Liebe wachsen, die dem Kind persönlichen Freiraum mit Geheimnissen und einer eigenen Individualität zugesteht.

Eine den anderen Menschen freigebende Liebe mutet Eltern viel zu. Die Zumutung besteht vor allem darin, dass sie ihre Angst um das Kind erkennen und ertragen müssen, um das Kind in sein eigenes Sein loszulassen. Der Gedanke an die vielen Gefahren, denen das Kind ausgesetzt sein könnte und die Angst vor der Ablösung des Kindes können Eltern zu einer einengenden Beziehung veranlassen. Wenn die Furcht um das Leben des Kindes größer ist als die Freude über sein lebendiges Sein, das nur durch eigene Erfahrung von Leiden und Freuden zu seiner individuellen Existenz finden kann, dann wird Angst um das Kind und nicht die wahrnehmende und begleitende Liebe die Beziehung zwischen Eltern und Kind prägen. Angst vor dem Leben ist ebenso ansteckend wie ein Vertrauen in das Leben – eine Liebe zum Leben, zum Lebendig-sein-Dürfen. *Wahrnehmende Liebe* zeichnet sich durch sorgfältige Beobachtung aus und legt sich damit den Verzicht auf vorschnelle Eingriffe in das Leben des Kindes auf. Eigene Neigungen und Wünsche – Entwürfe und Vorstellungen, so gut sie auch gemeint sein können, zurückzustellen zu Gunsten einer Achtung vor der individuellen Persönlichkeit des Kindes, gehört mit zu der schwersten Aufgabe im Erziehungsprozess.

Sind Beobachtung und das Einfühlen in die Welt des Kindes ein Bestandteil der Liebe zu ihm, dann nehmen wir auch wahr, dass Kinder sich gegen Einengung, Nähebedürfnisse der Eltern und Überbehütung zu wehren wissen. Nonverbal oder verbal wird zum Ausdruck gebracht, dass es anderer Meinung ist, und die Fürsorge oder Angst des Erwachsenen es in seinem Tun behindert.

- Sind wir beleidigt über die Zurückweisung?
- Fühlen wir uns nicht mehr gebraucht und abgelehnt? Halten wir das Kind für undankbar?
- Oder schaffen wir es, die Zurückweisung als einen wichtigen Entwicklungsschritt zur Autonomie des Kindes zu akzeptieren und es für die eigenen Lernerfahrungen loszulassen?

Erst durch die Selbstreflexion eigener Gefühle kann eine egoistische, besitzergreifende Liebe zu einer wahrnehmenden Liebe werden, in der die Achtung des anderen in seinem Anderssein ein Teil dieser Liebe geworden ist. Wieder einmal geht es um den Selbsterziehungsprozess der Erwachsenen, der eine wichtige Voraussetzung für den liebevollen Umgang mit Kindern darstellt. Wenn Erziehung zu einem *dialogischen Prozess* gleichrangiger Interaktionspartner werden soll, dann bedeutet dies für die Erziehungspraxis in erster Linie, dass man, wie Korczak, der individuellen Erfahrung des Kindes einen hohen Wert beimisst. Indem es die Welt erkundet, erfährt es sich selbst im Spiegel der anderen, der Dinge und Situationen. Im Mittelpunkt unseres pädagogischen Denkens und Handelns stünde dann die Wertschätzung und radikale Achtung der einmaligen Persönlichkeit stehen. In einer solchen „nichtpädagogischen Pädagogik" steckt eine außergewöhnliche Herausforderung für die Erzieherin, den Erzieher als Person, da der Mensch hinter der professionellen Rolle gefragt ist und Pädagogik und Persönlichkeit nicht zu trennen sind.

Ich gehe davon aus, dass zum einen *die Erfahrungen der ersten Lebensjahre* entscheidende Muster dafür bieten, wie wir später mit unseren Lebensimpulsen umgehen werden.

Andererseits sind wir *nicht nur* durch unsere ersten Erfahrungen geprägt. Im Laufe unseres Lebens wird unsere Selbststeuerung zunehmend aktiviert und von daher werden wir immer stärker Gestalterinnen und Gestalter unseres eigenen Lebens. Selbstreflexion, Selbsterfahrung und Selbsterziehung tragen dazu bei, Entwicklungsaufgaben als solche anzunehmen und diese zu lösen.

4 Den verschiedenen Lebensstufen zugestehen, was ihnen zukommt

Vor mehr als 2000 Jahren wies schon der Dichter Horaz darauf hin, dass auf unterschiedlichen Lebensstufen unterschiedliche Entwicklungsaufgaben zu bewältigen seien.

Die Altersstufen sollen, so seine Ansicht, jede in ihrer Eigenart beobachtet werden, um die veränderten Bedürfnissen zu erkennen, und den Menschen das zugestehen, was sie für ihre jeweilige Entwicklung benötigen.

Je nach Lebensraum, kultureller Umwelt und Lebensphase hat jeder Mensch Entwicklungsaufgaben zu bewältigen, Aufgaben, die sich ihm in einer bestimmten Lebensperiode oder Situation stellen. „Ihre erfolgreiche Bewältigung führt zu Glück und Erfolg, während Versagen das Individuum unglücklich macht, auf Ablehnung durch die Gesellschaft stößt und zu Schwierigkeiten bei der Bewältigung späterer Aufgaben führt."[1]

„Erfolg und Glück" bezeichnen hier eine Lebensweise, bei der sozusagen „pünktlich" Lebensthemen, die anstehen, als Herausforderungen aufgegriffen und adäquat beantwortet werden können.

Insgesamt ist das Entwicklungsgeschehen ein komplexer Prozess, der aus dem Zusammenspiel endogener, biologisch-genetischer Faktoren, den Umwelt- und Erziehungseinflüssen und den zunehmenden Selbststeuerungsprozessen des Menschen besteht.

Kinder liefern sich nicht nur unseren erzieherischen Maßnahmen aus, sondern sie setzen sich aktiv mit uns, mit ihrer Umwelt und mit sich selbst auseinander. Insofern ist die Qualität des Miteinanderumgehens zwischen Erwachsenen und Kindern ein wesentlicher Faktor für deren Erschließung von Welt und für die Erlangung von Kompetenzen, die nötig sind, um ein gelungenes Leben führen zu können.

Das Kind und seine Umwelt stehen in einem wechselseitigen Interaktions-

---

[1] Oerter, R./Montada, L.: Entwicklungspsychologie, 1987, S. 119

prozess, bei dem nicht nur das Kind verändert wird, sondern es gleichermaßen Einfluss auf seine soziale Umwelt nimmt.

In den ersten Kapiteln haben wir uns u.a. mit der Frage beschäftigt, welche Bedeutung Selbsterkenntnis und Selbsterziehung im Umgang mit Kindern haben. Vielleicht haben Sie daraus abgeleitet, dass es vor allen Dingen an uns und unserer Anstrengung liegt, ob und wie Kinder sich entwickeln. Das trifft sicher zu.

Andererseits sind Kinder unseren Aktivitäten um deren Erziehung nicht nur hilflos ausgeliefert. Vom ersten Lebenstag an greifen sie in unsere Interaktionen ein und machen mit zunehmendem Alter immer vehementer auf sich aufmerksam.

Kinder als *handelnde Subjekte* zu verstehen, die aktiv an ihrem Entwicklungsgeschehen beteiligt sind, könnte für Eltern und Erzieherinnen und Erzieher eine enorme Entlastung bedeuten. Nicht wir alleine sind es, die für die gesunde Entwicklung des Kindes Verantwortung tragen. Kinder, wenn wir sie denn ernst nehmen und sein-lassen, sind schon sehr früh in der Lage, ihre Lebensimpulse aktiv zu steuern. Wichtig ist es, diese Entwicklungsenergien des Kindes nicht zu behindern, sondern sie angemessen zu unterstützen.

- In der Erziehung ist manches, aber nicht alles von unserem *Tun* abhängig. Sehr viel positive Entwicklungskräfte des Kindes entstehen gerade dadurch, dass wir es „gewähren-lassen" und *seinem Sein überlassen*.

Wie im individuellen Lebenskonzept, geht es auch im Erziehungsprozess um eine *Balance,* und zwar zwischen Aktion und Reaktion, Tun und Lassen.

Im Folgenden möchte ich mich näher mit den Entwicklungsaufgaben des Kindes in den ersten Lebensjahren beschäftigen.

4.1 Der Säugling – hilflos und kompetent

Biologisch gesehen wird im Tierreich zwischen Nesthockern und Nestflüchtern unterschieden. Die Nesthocker (z.B. niedere Säuger, wie etwa

Mäuse und Katzen) kommen nach kurzer Tragzeit völlig hilflos zur Welt. Ihre Sinnesorgane sind noch verschlossen, und sie können sich nicht eigenständig fortbewegen. Sie benötigen eine gewisse Zeit der *Reifung* und die Pflege durch die Muttertiere, bevor sie für sich selber sorgen können. Höherentwickelte Säuger (wie z.B. Pferde oder Affen) haben eine längere Entwicklungszeit im Mutterleib und verfügen gleich nach der Geburt über die artspezifische Sprache und ein funktionsfähiges Bewegungssystem. Der Schweizer Biologe Adolf Portmann hat für den Menschen eine dritte Kategorie entwickelt und bezeichnet ihn als „sekundären Nesthocker".[2]

Auch der Säugling ist bei der Geburt in einem hilflosen Zustand, jedoch funktionieren seine Sinnesorgane (bereits vorgeburtlich sind sinnliche Wahrnehmungen nachweisbar), und er ist vom ersten Lebenstag an ein aktiver Interaktionspartner. Seine spezifisch menschlichen Eigenschaften, wie aufrechter Gang, Sprache und einsichtiges Denken und Handeln beginnt das Kind mithilfe seiner Umwelt im ersten Lebensjahr zu erlernen.

Daher ist der Säugling zwar einerseits erziehungsbedürftig und auf den „sozialen Mutterschoß" (Familie) angewiesen, andererseits ist er aber auch ein handelndes Subjekt, das auf die ihn umgebende Lebenswelt großen Einfluss nimmt.

Der Mensch lernt durch *Interaktionen*. In diesem Wechselspiel mit anderen Menschen und seiner Umwelt erfährt sich das Kind immer stärker als aktive und steuernde Person.

Auf Grund vergleichender Untersuchungen der artspezifischen Verlaufsformen des Gehirn- und Größenwachstums zwischen Mensch und Tier kommt Portmann zu dem Fazit, dass der Mensch, sollte er bei seiner Geburt den Entwicklungsstand von Nestflüchtern aufweisen, 21 Monate im Mutterleib verbleiben musste. Demnach kommt der Säugling als „physiologische Frühgeburt"[3] zur Welt und ist nach der Geburt darauf angewiesen, dass die körperliche Einheit zwischen Mutter und Kind zu einer sozialen Zweiheit wird.

---

[2] vgl. Portmann, A.: Zoologie und das neue Bild des Menschen, 1956
[3] Portmann, A.: Biologische Fragmente zu einer Lehre vom Menschen, 1969, 3. Aufl., S. 57f

Nach dieser Theorie ist der Status der „physiologischen Frühgeburt" des Menschen sowohl seine Chance als auch seine Gefährdung, je nach der Qualität der Beziehung und Interaktion mit seinen Bezugspersonen und seiner Umwelt.

Das, was sich beim Menschen nicht durch Reifung im Mutterleib entwickelt, muss demnach in sozialen Strukturen erlernt werden. Das Kind steht nicht mehr unter dem Einfluss naturgesetzlicher Bedingungen, sondern unter dem Einfluss sozialer Fürsorge und Kontakte, die in einen ganz bestimmten geschichtlichen und kulturellen Rahmen eingebettet sind. Ein chinesisches Kind wird nicht nur eine andere Sprache, sondern auch andere Verhaltensweisen lernen als ein deutsches Kind. Veränderungen der Gehirnstrukturierung vollziehen sich in den ersten Lebensjahren, wenn das Kind Erfahrungen mit seiner Umwelt macht und diese Reize in *sein System von Welt* einzuordnen beginnt.

Als charakteristisches Merkmal des Menschen bezeichnet Portmann die „Weltoffenheit". Zwar ist der Mensch auf ganz unterschiedliche Weise an seine natürliche Umgebung gebunden, aber innerhalb dieser Umgebung besitzt er eine gewisse Freiheit.

„Das freie Spiel der Gliedmaßen, das unserem Säugling so viel Möglichkeiten gibt, ... mahnt uns bereits daran, dass unser Geburtszustand nicht einfach hilflos ist, sondern auch bedeutungsvolle *Freiheiten* für sich hat."[4]

Vom biologischen Gesichtspunkt her dient die Weltoffenheit der Grundtendenz zur Erhaltung des Lebens; psychologisch betrachtet ist das Bedürfnis nach Liebe, Geborgenheit, Beziehung und Bindung ein Verlangen nach einem engen Band zu einem Objekt.

Neben dem Kontaktbedürfnis äußert sich auch schon sehr früh das Verlangen nach einer veränderten Stimulation. Der Säugling zeigt dies in der Handlungsbereitschaft, Reize aktiv aufzusuchen oder darauf zu reagieren. Damit sich das Kind im Wechsel neuer Ereignisse zurechtfinden kann, bedarf es einer gewissen äußeren und inneren Stabilität. Dazu gehört eine

---

[4] Portmann, A., a.a.O., S. 30.; von Uexküll, J. und von Weizsäcker, V. sind zu ähnlichen Schlüssen gekommen wie Portmann.

Kontinuität sowohl in seinen persönlichen Beziehungen als auch zur dinglichen Umwelt. Letzteres kann das Kind schon sehr früh selbst beeinflussen, indem es versucht, sich neue Fertigkeiten anzueignen, die es so lange übt, bis sie zu seinem Verhaltensrepertoire gehören. Dies vermittelt ihm Sicherheit für den Umgang mit seiner Umwelt.

Durch Eigenaktivitäten stellt das Kind eine Beziehung zwischen sich und seiner Umwelt her und macht dabei wichtige Erfahrungen mit seinen eigenen Möglichkeiten und Grenzen.

Die Welt des Säuglings wird durch seine Sinneseindrücke und seine Bewegungen bestimmt. Die Wahrnehmung vollzieht sich durch Bewegung und mittels der Sinne. Alle Sinnesinformationen werden gespeichert und in ein System von Kenntnissen und Wissen transformiert. Nur *handelnd* kann ein Kind Wahrnehmung, Bewegung und Lernen miteinander kombinieren. Darum ist das Spiel eine wesentliche Voraussetzung für die kindliche Entwicklung. Spiel ist die Tätigkeit, die den Lebensabschnitt Kindheit prägt und eine wichtige Form der Aneignung und Auseinandersetzung mit sich selbst und der Umwelt.

Zwar ist die Entwicklung von Bindung und Autonomie lebensgeschichtlich in einem Nacheinander einzuordnen, d.h. die Autonomie entwickelt sich aus der Bindung heraus. Ebenso aber geschieht diese Entwicklung auch parallel. Die Person, die für die basale Fürsorge zuständig ist, stellt eine *Heimatbasis* dar, zu der das Kind bei seiner neugierigen Erkundung von „*Welt*" (dem Dritten) wieder zurückkehrt, um sich dann gestärkt wieder in die Welt hinauszuwagen.

Der Psychoanalytiker Erikson bezeichnet diese früheste Erfahrung in der kindlichen Entwicklung als die Entwicklungsstufe von Urvertrauen, die sich als Resultat von verlässlichen Beziehungen einstellt. Erikson bezeichnet das Urvertrauen als den „Eckstein der gesunden Persönlichkeit".[5]

Die Art des physischen und psychischen Versorgtwerdens bildet eine Basisqualifikation für das elementare Verhältnis des Kindes zur Welt und zu seinen Mitmenschen. Es entscheidet sich bereits in den ersten Lebens-

---

[5] Erikson,E.: Identität und Lebenszyklus, 1981, 7. Aufl., S. 63

jahren, ob sich Hoffnung und Vertrauen in die Welt und damit die Grundlage für Sympathie und Liebe entwickelt oder ob Abwehr, Ablehnung und Misstrauen auf Grund mangelnder Bedürfnisbefriedigung und unzureichender Interaktion entstehen. Gleichzeitig erlebt das Kind, dass nicht alle seine Interaktionsbemühungen und Bedürfnisäußerungen angemessen und sofort beantwortet werden. Die Bezugspersonen können nicht alle Äußerungen des Kindes richtig interpretieren: schreit es, weil es Hunger hat, sich langweilt, weil der Durchbruch des ersten Zahns Schmerzen verursacht oder weil die Windeln gewechselt werden müssen? Nonverbales Verhalten und Artikulationen des Säuglings lassen viele Interpretationsmöglichkeiten zu, und so kommt es auch bei sensiblen und einfühlsamen Eltern dazu, dass das Kind nicht immer das erhält, was es gerade jetzt benötigt. Es stellen sich Frustrationen und Enttäuschungen ein, die zu einem Urmisstrauen führen. Je häufiger das Kind die Erfahrung gemacht hat, dass das, was es braucht, auch kommen wird, desto eher wird es in der Lage sein, seine momentanen Frustrationen auszuhalten. So kann sich nach und nach eine Frustrationstoleranz entwickeln. Dies ist aber nur dann gewährleistet, wenn „… das Individuum ein Übergewicht seines Urvertrauens über sein Urmisstrauen erreicht."[6] Erikson sieht das als eine Hauptentwicklungsaufgabe des Kindes im ersten Lebensjahr an, bei dem die Bezugspersonen das Kind durch kontinuierliche Pflege, Versorgung und Interaktion zu unterstützen haben.

Nicht das physische Versorgtwerden allein ist dabei die entscheidende Grunderfahrung des Säuglings, sondern die Qualität der Versorgung spielt die wesentliche Rolle. „Hier bildet sich die Grundlage des Identitätsgefühls, das später zu dem komplexen Gefühl wird, ‚in Ordnung zu sein', man selbst zu sein …".[7]

Der Säugling ist zwar auf Grund seiner motorischen Hilflosigkeit nicht in der Lage, für seine Bedürfnisbefriedigung selbst zu sorgen, aber er hat durchaus vom ersten Lebenstag an die Möglichkeit, ein *aktiver Interak-*

---

[6] Erikson, E., a.a.O., S. 72
[7] Erikson, E., a.a.O., S. 72

tionspartner zu sein. Dabei agiert er in sehr differenzierter Weise: Er schenkt der Mutter sein erstes Lächeln, streckt ihr die Arme entgegen, dreht ihr den Kopf zu, stößt Gutturallaute aus, um seine Bezugspersonen zu begrüßen.

Anhand der neueren Säuglings- und Kleinkindforschung wird gezeigt, was empathische Eltern längst selbst schon bemerkt haben, nämlich dass das Neugeborene „die Außenwelt nicht nur wahrnehmen kann, sondern auch wahrnehmen will. Reize wecken sein Interesse, sie werden aktiv gesucht, verarbeitet und wahrgenommen."[8] „Viele Interaktionen werden vom Säugling eingeleitet, ihr Verlauf wird von ihm kontrolliert und reguliert, und auch die Beendigung wird von beiden Partnern in äußerst subtiler Weise ausgehandelt."[9]

Dornes, der Verfasser des Buches „Der kompetente Säugling", schließt daraus, dass die Interaktionsformen zwischen Mutter und Kind mit dem bisherigen Konzept der symbiotischen Beziehung nicht hinreichend erfasst werden und viel differenzierter sind. In der neueren Säuglingsforschung wird vermieden, von einer Symbiose zu sprechen. An Stelle dessen tauchen Begriffe auf, wie „match" und „fit" (Treffen, Ineinandergreifen, Zusammenspiel), oder es ist die Rede von einem „koaktiven Muster"[10]. Hierbei wird die aktive Präsenz des Säuglings ausgedrückt, da diese Begriffe implizieren, dass sich ein Subjekt auf ein anderes bezieht. Das setzt voraus, dass der Säugling in irgendeiner Form „erkannt" haben muss, dass er eine von der Umwelt und den anderen Personen abgegrenzte Einheit, ein Selbst ist, das sich zu anderen verhält. Gleichzeitig aber müssen sich die Bezugspersonen auf diesen Dialog einstellen, die verschiedenen Sprachen des Kindes durch Mimik, Gestik und Laute aufgreifen, und sie adäquat beantworten. Geschieht dies aus mangelnder Anteilnahme oder Empathieunfähigkeit der Eltern nicht, kann die Interaktion zwischen Erwachsenem und Kind entgleisen. Dies führt zu gravierenden Entwicklungskonflikten, die auf das

---

[8] Dornes, M.: Der kompetente Säugling. 1993, S. 51
[9] Dornes, M.: a.a.O., S. 61
[10] Köhler, L.: Neuere Ergebnisse der Kleinkindforschung, 1990, S. 42 „Koaktive Muster liegen vor, wenn beide Partner gemeinsame Sache machen ..."

Identitätsgefühl des Kindes und des späteren Erwachsenen großen Einfluss haben. Die Grundmelodie des Lebens heißt dann nicht mehr: „Ich bin in Ordnung", sondern Verlassenheitsängste und das Gefühl, nicht gewollt oder nicht richtig zu sein, prägen das Lebensgefühl.

Der Säugling verfügt über genügend Möglichkeiten, auf das interaktive Geschehen mit den Eltern und sogar zwischen ihnen einzuwirken. Er macht sich verbal und nonverbal bemerkbar, um sich an Interaktionen zu beteiligen. Letztendlich jedoch liegt es an den Erwachsenen, inwieweit seine Interaktionen Erfolg haben.

- Wenn aber schon der Säugling in begrenztem Sinn als *kompetent* beschrieben wird, um wie viel mehr ist es dann das heranwachsende, motorisch, intellektuell und sprachlich unabhängiger werdende Kind?
- Rechnen wir im Umgang mit Kindern mit deren Kompetenzen? Halten wir sie wirklich für Akteure ihres eigenen Lebens?
- Nehmen wir sie als gleichwertige Interaktionspartner ernst?
- Halten wir Erfahrungs- und Lernräume offen, in denen Koaktion möglich wird und Aushandelkompetenzen erlernt werden?
- Oder ist der konsequent zu Ende geführte Gedanke, dass ein Kind bereits in den ersten Lebensmonaten eine eigenständige Persönlichkeit ist, eher unangenehm, da wir an unseren Allmachtsfantasien gegenüber Kindern und von daher an einer Bewahrungspädagogik festhalten wollen?
- Wird aber bereits der Säugling als kompetent und als aktives Subjekt verstanden, ergibt sich daraus eine Haltung von struktureller Gleichwertigkeit zwischen Kindern und Erwachsenen.

4.2 „Kann allein!" – Autonomiebestrebungen und Grenzerfahrungen

Ein Kind, das sich in seiner Bindung zu den Bezugspersonen sicher ist, zeigt sehr früh, dass es nach Unabhängigkeit und Autonomie strebt.

• Autonomiebestrebungen

Die Autonomie entwickelt sich aus der Bindung heraus oder anders ausgedrückt: das Kind muss genommen haben, um auf Neues und Anderes zugehen zu können. Erst dann entwickelt es ein Neugierverhalten und will seine Kräfte erproben. „Kann allein!" ist der mit großer Vehemenz ausgerufene Satz von Kindern, denen man bei einer Tätigkeit helfen will. Im Zusammenhang mit dem Drang, „etwas allein zu können" und es selbstständig zu erproben, steht das Anliegen des Kindes zu erfahren, welchen Wert es hat: „Ich bin, was ich bewirken kann, bei mir selbst und in der Welt." Das Kind spürt, dass es sich lohnt, Ausdauer, aber auch Selbstbeherrschung einzusetzen, um Wirkungen zu erzeugen. Je nach Selbststeuerung sind die Wirkungen verschieden und verursachen unterschiedliche Gefühle, z.B. Freude über das Erreichte oder Frustrationen und Wut beim Misslingen.

Die spontane Willensäußerung, das Bedürfnis nach Wissen und das Teilhabenwollen an der Welt sind entwicklungsfördernde Energien, die es zu unterstützen gilt, und zwar im Sinne eines: „Hilf mir, es selber zu tun!"(Maria Montessori). Das Kind benötigt „Nahrung für seinen Willen"[11], damit es Erfahrungen mit sich, den Menschen, der Natur und den Dingen machen kann.

Eine wichtige Leistung von Eltern besteht darin, dem Kind zu ermöglichen, sich Aufgaben zu stellen, sich damit schrittweise zu verselbstständigen und von ihnen lösen zu können. Diese langsame Loslösung und Verselbstständigung beginnt mit dem Erprobungshandeln des Kindes.

In einer Beobachtung von Janusz Korczak wird eine solch frühe Autonomieerprobung eines zweijährigen Kindes beschrieben:

• • • „Bronek möchte die Tür öffnen. Er rückt einen Stuhl heran. Er bleibt stehen und ruht aus, bittet aber nicht um Hilfe. Der Stuhl ist schwer, er hat sich sehr geplagt. Jetzt zerrt er abwechselnd an dem einen und dann wieder an dem anderen Stuhlbein. Das geht langsamer, ist aber leichter. Schon

---

[11] Korczak, J.: Wie man ein Kind lieben soll, 1967, S. 51

steht der Stuhl ganz nahe an der Tür, Bronek meint, nun wird er die Türklinke packen können, er krabbelt rauf und steht. (…) Er schwankt unsi-
cher, erschrickt, steigt herunter, schiebt den Stuhl ganz dicht an die Tür,
aber seitlich von der Türklinke. Der zweite misslungene Versuch. Keine
Spur von Ungeduld. Er müht sich weiter ab, nur die Ruhepausen sind länger. Zum dritten Mal klettert Bronek hinauf; ein Bein hoch, ein Handgriff,
und, auf sein abgewinkeltes Knie gestützt, versucht er, das Gleichgewicht
zu halten; eine neue Anstrengung, die Hand umklammert die Kante, er
liegt auf dem Bauch; wieder eine Pause, er wirft den Körper vor, kniet,
verfängt sich mit den Beinen in seinem Kittelchen und steht wieder auf.
(…)
Alle Muskelkraft und die ganze Intelligenz müssen aufgeboten werden, um
endlich die Türklinke packen zu können. Nun ist die Tür offen – er seufzt
tief. … Wenn ihr die Freude des Kindes und seinen Eifer zu deuten versteht, dann kann euch nicht verborgen bleiben, dass das Vergnügen über
eine bezwungene Schwierigkeit, ein erreichtes Ziel, ein entdecktes Geheimnis die größte Freude darstellen, die Freude des Triumphes und das
Glücksgefühl der Selbstständigkeit, der Beherrschung der Umwelt und des
Umgangs mit den Dingen."[12] •

Dieses Beispiel habe ich in einem Seminar mit Studierenden der Sozialpädagogik besprochen. Nach dem Lesen des Textes spürten einige Ungeduld
und den Wunsch, schnell hineilen zu wollen, um dem armen Kind endlich
die Tür zu öffnen. Andere fragten kritisch, wann denn ein Erwachsener im
Alltag so viel Zeit habe, sich auf ein Kind einzustellen. „Realitätsfern!" re-
gistrierte ein Student. Er hat durchaus recht, denn wir Erwachsenen sind
es, die das Zeitmaß vorgeben, und selten lassen wir uns vom Kind in dessen Eigenrhythmus „entführen". Kinder benötigen für das Ausprobieren
neuer Fähigkeiten und Fertigkeiten viel *Zeit*. Erwachsene mit einem anderen Zeitverständnis greifen schon darum in die Tätigkeiten der Kinder ein,

---

[12] Korczak, J., a.a.O., S. 48f

weil sie wenig Geduld haben oder dem Kind die Lösung einer bestimmten Aufgabe nicht zutrauen.

„Mach schneller!" „Beeile dich doch!" Wie oft wird das im Alltag zu Kindern gesagt. Ihr Zeitempfinden ist anders als unseres. Solange Kinder die Uhrzeit noch nicht kennen, zählt Zeit nicht.

Nach unserem Verständnis vergeuden Kinder ihre Zeit, weil sie herumtrödeln.

Schauen wir uns diese „Trödelei" genauer an, so stellen wir fest, dass Kinder die Zufälligkeiten genießen, alles hat Aufforderungscharakter, will beantwortet werden. Kinder leben im Augenblick, lassen sich in der Zeit gehen.

Wir halten das für unvernünftig. Erwachsenen gehen stärker als Kinder von der äußeren Zeit aus. Unsere Uhrzeiten, die Tage, die Wochen, der Kalender ... für Kinder ist das noch relativ unwichtig. Sie leben nicht nach der Uhrzeit, sondern nach der anderen Zeit, nach dem, was in ihrem Inneren vorgeht, was für sie im Moment wichtig ist. Vielleicht können wir von Kindern wieder lernen, den Widerspruch zwischen der äußeren und der inneren Zeit zu spüren und hin und wieder auch unserer inneren Zeit folgen.[13]

• • • Beispiel:

Auf einem Spaziergang mit der 3-jährigen Daniela blieben Vater und Tochter immer wieder stehen. Hier gibt es einen toten Regenwurm zu betrauern, dort eine Kastanie aufzuheben, und wieder ein paar Schritte weiter ein buntes Blatt zu bewundern. Die Einübung in den Blick fürs Nahe, fürs Detail und das Besondere wird dem Vater möglich, weil er sich auf den langsamen Rhythmus des Kindes eingestellt hat. Anders als sonst, wenn er Daniela beim Einkaufen hinter sich herzieht und „komm schneller, beeile dich" ruft, hat er sich diesmal auf ihre Zeitvorstellung eingestellt und neue Erfahrungen sammeln und die Eigenzeiten des Kindes wahrnehmen können. •

[13] vgl. Greese, M.: Vom Wettlauf mit der Zeit, in: Praxis, Spiel und Gruppe, Zeitschrift für Gruppenarbeit, 4/1997, S. 153–156

Zuwendung, Gemeinschaft und Kreativität entwickeln sich in der Langsamkeit, nicht in der Hetze. Nur im Respekt vor der Persönlichkeit des Kindes, das ein anderes Tempo, einen anderen Rhythmus des Lebens hat, kann das Emotionale, und das Irrationale gedeihen. Dies geschieht eher im Verzögern, Abschweifen und in der Langsamkeit, die wir mit Kindern wieder selbst erlernen könnten.

Zum Glück besitzen Kinder schon sehr früh einen starken Willen, mit dem sie Erwachsene dazu bringen, sich auf ihr Zeitmaß einzustellen.

Ihr Wille ist es auch, der es ihnen ermöglicht, sich den Herausforderungen des Lebens zu stellen.

Beharrlich üben sie zu gehen, zu sprechen, sich anzuziehen, einen Schuh zu binden, den Handstand oder das Rollschuhlaufen. Kinder wollen auch dies alleine in ihrem eigenen Zeitmaß lernen. Sie möchten nicht, dass sie in dieser Willensarbeit unterbrochen werden. Die Aufforderung, sich zu beeilen, stört sie in ihrem eigenen Entwicklungsmaß ebenso wie vorschnelles Eingreifen der Erwachsenen oder „Killersätze", wie: „Lass mich mal machen, das kannst du doch noch nicht!"

Kinder brauchen Lebens- und Erfahrungsräume, in denen sie ihrer Entwicklung entsprechend Lernprozesse *selbst* bestimmen können. Dies sind vorwiegend reale, lebensnahe Alltagssituationen und nicht unbedingt die von Erwachsenen konstruierten, als pädagogisch wertvoll erachteten Lernsituationen.

Nur durch den Erfolg in der Beherrschung der Umwelt und des Umgangs mit den Dingen kann sich ihr Selbstvertrauen entwickeln.

„Welche Nahrung werdet ihr seinem Willen bieten, wenn es drei, fünf, zehn Jahre alt ist?"[14] fragt Janusz Korczak. Wir könnten auch fragen, welche Erfahrungen wir Kindern vorenthalten, die sie selbst machen wollen und können.

Nehmen Eltern ihren Kindern schon im Kleinkindalter alles ab, trauen ihnen keine Aufgaben zu oder wollen sie vor Konflikten bewahren, dann un-

---

[14] Korczak, J., a.a.O., S. 51

terstützen sie damit mangelnde Frustrationstoleranz und die Verweigerung von Anstrengung.

In Langzeituntersuchungen konnte nachgewiesen werden, dass bei Kindern, die sich keinen Aufgaben zu stellen hatten und überbehütet aufwuchsen, die Neigung zu aggressivem Verhalten stark ausgeprägt ist. Die Aggression stellt eine tiefe Wut dar, dass die Gesellschaft in ihren konkreten Institutionen Schule und Berufsausbildung ihnen ein Leben nach dem Lustprinzip, wie sie es von „Hotel Mama" gewöhnt sind, versagt.

• Notwendige Grenzerfahrungen

Das Kind gerät mit seinem Probeverhalten und seinen zunehmenden Autonomiebestrebungen immer stärker in das Spannungsfeld der elterlichen *Gebote und Verbote,* der Zugeständnisse und Verweigerungen. Im Ringen mit der elterlichen Grenzsetzung werden sowohl Eltern als auch das Kind mit ihrem Ärger und ihrer Aggression konfrontiert. In dieser Phase der Entwicklung ist die Auseinandersetzung mit Abgrenzungen und Widerständen nötig, damit der Weg in die Selbstständigkeit gelingen kann. Ohne Aggressionspotenzial ist eine notwendige Ablösung nur schwer möglich. Trotz und Aggressionen helfen aus der vorherigen Bindungsphase heraus, mit ihrer Hilfe lernen Kinder, sich durchzusetzen, auf Neues zuzugehen oder ihre Standpunkte zu verteidigen. Somit ist Aggression positiv verstanden, erst einmal als entwicklungsfördernde Energie zu verstehen und kein unerwünschtes Gefühl, das durch Verbote unterdrückt werden muss. Der Umgang mit der Vielfalt der Gefühle muss allerdings gelernt werden. Das geht nur, wenn Kinder sich mit Wut, Schmerz, Trauer und Aggressionen auseinandersetzen können, und Erwachsene signalisieren, dass diese Empfindungen zum Menschsein gehören. Das ist genauso wichtig wie die Erfahrung, zurückstecken und auf andere Rücksicht nehmen zu müssen. Im fairen Aushandeln von Absprachen werden Kinder ernst genommen und können Grenzen, die sie selbst mitbestimmen, einüben.

Kinder erwarten von ihren Eltern konkrete Standpunkte und Auffassungen, damit sie ihr eigenes Weltbild daraufhin ausrichten können.

Der elterliche Widerspruch, ein in Mimik, Gestik und Verhalten klar geäußertes Nein hilft dem Kind, sich zu orientieren. Handelt der Erwachsene für das Kind eindeutig, dann weiß es, woran es ist. Erwachsene sind Vorbild und Modell, wenn sie sich selbst klar an Absprachen halten.

Grenzen sind für die kindliche Entwicklung jedoch dann hinderlich, wenn es in erster Linie darum geht, dass Erwachsene ihre „Entwürfe" vom Kind durchsetzen wollen, z.B. wenn es um elterliche Vorstellung von Sauberkeit geht, wenn sie dem Kind unangenehme Erfahrungen ersparen wollen oder übermäßige Angst um das „Wohl des Kindes" haben und darauf bestehen, nur sein Bestes zu wollen. Die frühzeitige Sauberkeitserziehung, noch bevor das Kind Kontrolle über seine Schließmuskeln hat, kann für Kinder und Eltern zu einem regelrechten Kampfort werden, dessen negative Folgen die Kinder später auszutragen haben.

Förderliche Grenzen werden dann gesetzt, wenn es um Einhaltung von Strukturen, um überschaubare Alltagsabläufe und dem Kind angemessene Rituale geht, aber auch dann, wenn der Explorationswunsch des Kindes die legitimen Bedürfnisse der anderen tangiert und diese sich wehren.

„Nein, das ist meine Stereoanlage und ich möchte nicht, dass du an den Knöpfen herumdrehst!"

Durch deutliche Ich-Botschaften der Erwachsenen wird das Kind mit den Grenzen der anderen konfrontiert und lernt, nicht immer widerstandslos, zwischen seinen Wünschen und denen der anderen zu unterscheiden.

Überlässt man das Kind einer grenzenlosen Freiheit, ist es mit der Orientierung in seiner Welt hilflos überfordert

4.3 Lebensmutspirale oder: „Urvertrauen macht Kinder selbstständig"

Schon mit der Geburt beginnt der Prozess der Loslösung durch das Durchtrennen der Nabelschnur und die Wiederaufnahme der Bindung durch das Stillen oder die Pflege des Kindes. Von Geburt an ist das Kind als soziales Wesen auf engen Kontakt mit seinen Bezugspersonen angelegt. Erst in einer Sicherheit gewährenden Atmosphäre können sich Erkundungs- und Neugierverhalten entwickeln. Emotionale Sicherheit, Bindung und Nähe zu einer Bezugsperson sind somit die Voraussetzungen dafür, dass sich der Erlebnis- und Erfahrungshorizont des Kindes erweitern kann. Dies hat nicht nur Auswirkungen auf eine gesunde emotionale und soziale Entwicklung, sondern ebenfalls auf den Wissenserwerb und damit auch auf das Sprachverhalten des Kindes.

Erst wenn der Säugling hinreichende Erfahrungen von physischer und psychischer Nähe, Kontinuität, Stabilität und empathischer Interaktion gesammelt hat, kann sich ein Streben nach Individuation und Autonomie entwickeln.

Erst die Grundlage einer Bindung bietet die nötige Sicherheit, um auf Unbekanntes und Fremdes reagieren und zugehen zu können.

In der Auseinandersetzung mit Neuem ergeben sich für das Kind vielfältige Anregungen, hieraus entwickelt sich seine erste Selbst- und Welterfahrung. Ein einmal gewonnener Freiraum führt zum Ergreifen weiterer Freiräume, die Erkundungsbereiche werden größer und liegen weiter weg von der Mutter. Sinnliche Wahrnehmung, zunehmende Bewegungsfreiheit und Sprachfähigkeit lassen das Kind immer größere Abstände zu den Sicherheit spendenen Wurzeln zurücklegen. Ist es am Anfang noch das andere Zimmer, in dem sich das Kind, mit Hörkontakt zur Bezugsperson, für einige Zeit alleine aufhält, wird es später den Garten, die Straße, die Nachbarschaft und das nähere soziale Umfeld erkunden wollen.

Es hält nach kurzer räumlicher Entfernung inne, schaut zurück, freut sich, die Bezugspersonen zu sehen, setzt dann entweder den Weg fort oder kehrt um.

Ein unsicheres verängstigtes Kind wird kaum Hypothesen aufstellen und diese überprüfen wollen. Das Gefühl von Sicherheit ist *die* Voraussetzung für Neugier- und Forschungsverhalten und damit für die eigene Weltaneignung schlechthin.

• • • Beispiel:
Wenn die fünfjährige Mona zwei Eier aus dem Kühlschrank in ihr Kinderzimmer mitnimmt, sie warm einwickelt und in ihren Schuh legt, um sie

auszubrüten, dann will sie eine ihrer vielen Hypothesen bestätigen: Sie hat in den Ferien auf dem Bauernhof gesehen, wie Küken ausgeschlüpft sind, und die Eltern haben ihr erklärt, dass die Hühner die Eier warm halten und brüten. Was Hühner können, kann sie auch, es kommt auf den Versuch an! Jetzt sind die Reaktionen der Bezugspersonen von großer Bedeutung: Das Explorationsverhalten kann unterstützt oder gehemmt werden. Ob die Mutter mit großem Entsetzen reagiert, das „dumme Kind" bestraft und schimpft oder ob sie ihm z.B. mithilfe eines Bilderbuches den Sachverhalt erklärt, wird zwar im Einzelfall keine gravierenden Auswirkungen haben, kann aber eine grundsätzliche Einstellung zu den Erkundungsaktionen des Kindes vermitteln. •

So zeigen bereits Babys im ersten Lebensjahr aufsuchendes oder vermeidendes Verhalten in Bezug auf ein zu erkundendes Objekt, je nachdem welche emotionale Botschaft sie über den Gesichtsausdruck oder die Gestik empfangen. In einer Versuchsreihe konnte nachgewiesen werden, dass ein eher besorgtes, ängstliches Gesicht das Baby von der Erforschung eines ihm fremden Gegenstandes abhielt, während ermutigende Verhaltensweisen das Kind animierten, sich explorierend zu betätigen.[15]
In einer bekannten Elternzeitschrift erregte vor einigen Jahren folgende Titelüberschrift Aufsehen: „Muttermilch macht Kinder intelligenter!" Die erste Vermutung, in der Muttermilch befänden sich Stoffe, die die Intelligenz anregen, wurde beim Lesen des Artikels nicht bestätigt. Vielmehr ging es dabei um die Verbindung von Stillen und Körperkontakt und die Nähe vermittelnde Sicherheit, die die kindliche Exploration ermöglicht. Aus Neugierde und Erkundungsversuchen entwickeln sich neue Erfahrungen, daraus wiederum ergibt sich ein „Be-greifen", das neue Wissen wird gedanklich und sprachlich verarbeitet. Ein Lernvorgang wird ausgelöst, der körperliche, kognitive, emotionale und sprachliche Prozesse verbindet. Und dieser gesamte Vorgang nun, ausgehend vom Stillen, so die These, „macht Kinder intelligenter" und selbstständiger.

[15] Untersuchungsergebnisse hierzu in: Harris, P.L.: Das Kind und die Gefühle. Wie sich das Verständnis für die anderen Menschen entwickelt, 1992, S. 17ff

Hier haben wir eine weitere Antwort auf die Frage nach dem Zusammenhang von Wurzeln und Flügeln.

Lernen, sich einer Anstrengung auszusetzen, Frustrationen zu ertragen, sich den Konflikten und Misserfolgen zu stellen, bedeutet bereits im Kleinkindalter, sich seiner selbst und seiner Fähigkeiten durch Erfahrung bewusst zu werden. Aus solch einer Situation kommt das Kind mit neuem Vertrauen in die eigenen Möglichkeiten und Kräfte hervor und hat damit notwendige Freiräume für das Erlernen weiterer Fähigkeiten und Fertigkeiten. Wer sich den Anforderungen stellen darf, wie der kleine Bronek in dem Beispiel von Janusz Korczak, muss sich auch mit den Misserfolgen auseinandersetzen und diese zu bewältigen versuchen.

Werden die Anforderungen, die das Leben stellt, von wohlmeinenden oder ungeduldigen Eltern abgenommen, dann werden Motivation und Willenskraft des Kindes geschwächt.

• Woher soll ein Mensch, der sich niemals den Zumutungen des Lebens zu stellen hatte, keine Anstrengungsbereitschaft erbringen musste, später den Mut zum Leben mit seinen Erfolgen und Niederlagen nehmen?

Bewältigte Aufgaben lassen auch die nächste Zumutung wieder als positive Aufforderung erleben. Im Spiel, den Probehandlungen des Lebens, aber ebenso in lebensnahen, überschaubaren Pflichten des Alltags, erfahren Kinder ihre Grenzen und Möglichkeiten. Dies sind grundlegende Vorübungen für die spätere Übernahme von Verantwortung und Pflichten und für ein positives Selbstbild, das lautet: „Ich bin, was ich kann. Ich bin, was ich mir zu Mute und andere mir zutrauen."

Die Aufgabe der Erwachsenen ist es, das Maß an Zumutung für die kindliche Selbstständigkeit kritisch und aufmerksam zu prüfen, damit es über das eigene Tun möglichst er- und nicht entmutigt wird, d.h. sich beim Kind eine Erfolgszuversicht entwickeln kann.

• • • Beispiel:

Die Mutter verspricht der 4-jährigen Sara mit ihr am Nachmittag in den Zirkus zu gehen. Vorher müssen aber noch notwendige Hausarbeiten erledigt werden: die Blumen gegossen, die Meerschweinchenkäfige gesäubert und die Küche aufgeräumt werden. Sara hat oft zugeschaut, wie die Eltern die Käfige gesäubert haben und möchte diese Aufgabe heute alleine übernehmen. Sie selbst ist daran interessiert, dass alles zu Hause schnell erledigt wird, damit man bald gemeinsam losgehen kann. •

Die Mutter schlägt vor, ihr bei dieser Arbeit zu helfen, dafür kann Sara dann die Mutter beim Blumengießen unterstützen und die großen Palmen besprühen. Beide haben eine Absprache getroffen, die zu bewältigende Aufgabe ist für Sara mit Hilfe der Mutter zu schaffen. Der Erfolg, nämlich ein sauberer Käfig und die gepflegten Blumen machen Sara stolz und zufrieden. Sie kann selbst erkennen, dass ihre Arbeit erfolgreich war. Das erreichte Ergebnis und das damit verbundene Gefühl der Selbstbestätigung muss nicht unbedingt noch durch ein Lob der Mutter bekräftigt werden. Haltung, Mimik und Gestik der Mutter lassen sie spüren, dass auch sie sich über die gemeinsam geleistete Arbeit freut.

Alleine wäre das Mädchen mit dieser Arbeit überfordert gewesen und hätte möglicherweise schnell aufgegeben oder bemerkt, dass die Mutter mit dem Ergebnis nicht zufrieden ist.

In diesem Beispiel haben vorwiegend fünf Faktoren zum erfolgreichen Handeln des Kindes geführt:

a) Das Kind war motiviert zu helfen, es wollte schnell fertig werden, da der Zirkusbesuch in Aussicht stand.

b) Die zu leistende Aufgabe entsprach den Kompetenzen des Kindes und stellte weder eine Unter- noch eine Überforderung dar.

c) Mutter und Kind haben in einem partnerschaftlichen Dialog die Bedingungen des Helfens ausgehandelt (Mutter hilft der Tochter, Sara hilft anschließend der Mutter).

d) Das Kind hat sich seine Arbeit selbst ausgesucht.

e) Die Mutter hat dem Kind die Aufgabe zugetraut und es wohl wollend unterstützt.

Bei dem Entwicklungsprozess zur Autonomie fällt dem Verhalten der Bezugspersonen eine bedeutende Aufgabe zu.

• Werden sie den immer stärker werdenden Wunsch des Kindes nach

Selbstständigkeit unterstützen und wohlwollend fördern? Oder werden sie das Kind entmutigen und dadurch seine Erkundungs- und Beteiligungsversuche einschränken?

In einem Roman der nicaraguanischen Autorin Gioconda Belli beschreibt sie die zunehmende Selbstständigkeit einer Dreijährigen, die inneren Auseinandersetzungen der Mutter mit der Loslösung ihrer Tochter und den Rat einer weisen Frau:

• • • „Ihre Unabhängigkeit wird Flavias liebstes Spielzeug. Je fester ihre Füße auf dem Boden stehen, umso weniger zögert sie, sich aus der Reichweite der Erwachsenen zu entfernen und die Welt des Gartens zu erkunden, der für sie ein grenzenloses Universum wunderbarer Blätter, roter Blumen und aufregender Wälder ist. ‚Lass sie ruhig die Welt für sich entdecken‘, meint Xintal, als sie sieht, wie Sofia bei den kleinsten Ausflügen ihrer Tochter in Panik gerät. ‚Du hast sie lange genug in ihrem Kokon gehalten wie eine Seidenraupe. Jetzt ist sie ein Schmetterling geworden. Es ist Zeit, dass du deiner Tochter die Welt und nicht nur deine Furcht zeigst.‘ Sofia bleibt nichts anderes übrig, als sich in die Erkenntnis zu schicken, dass Flavias Neugier nicht zu bremsen ist. Und sie hat, während das Kind seine eigene Welt entdeckt, auch ihre lichten Momente, in denen sie sich darüber klar wird, dass das Leben selbst ihrer zwanghaften Mütterlichkeit bald Grenzen setzen wird."[16] •

Seit über 1500 Jahren lehrt der Talmud, ein Kompendium jüdischer Gesetze und Geschichten, dass es fünf Dinge gibt, die Eltern ihren Kindern mitgeben sollten: Das fünfte Gesetz lautet: Eltern müssen ihre Kinder das Schwimmen lehren. Schwimmen – eine Metapher für Leben lernen? Ja, sicher auch das, aber vor allen Dingen eine Botschaft an die Eltern, denn wer seinen Kindern das Schwimmen beibringt, der muss wissen, wie lange man das Kind festhalten muss und wann man es loszulassen hat.
Bezogen auf unsere Metapher, könnten wir „Schwimmen-lernen" auch

[16] Belli, G.: Tochter des Vulkans, 1996, 8. Aufl., S. 350f

durch „Fliegen-lernen" ersetzen. Sowohl im einen wie im anderen Fall muss man selbst das Metier beherrschen oder es erlernen wollen, in dem man andere begleitet, bzw. sie unterstützt oder ihnen Vorbild ist.

Fähigkeiten, die mit der Willenskraft des Kindes und seinen Flugversuchen zusammenhängen und zur kompetenten Weltbewältigung dienen, erfahren leider in vielen sozialen Bezugssystemen unserer Gesellschaft zu wenig Unterstützung. Darauf möchte ich im nächsten Kapitel eingehen.

4.4 Entwicklungsangstspirale oder: Folgen von Überbehütung und Verwahrlosung

• Überbehütung und Abhängigkeit

Wenn die Bezugspersonen eine überbeschützende und besorgte Haltung gegenüber den Aktivitäten des Kindes einnehmen, wird das kindliche Selbstständigkeitsstreben in den ersten Lebensjahren sehr schnell nachlassen. Stattdessen wird sich eine Abhängigkeit einstellen, die sich spätestens bei der notwendigen Ablösung vom Elternhaus zum Kindergarten und dann zum Schuleintritt als schwerwiegendes Hindernis im Hinblick auf Autonomie erweisen wird. Überbehütung kann ebenso wie Vernachlässigung zu Verhaltensauffälligkeiten, Leistungsverweigerung und Entwicklungsangst führen. Eine spätere Folge davon kann z.B. das „narzisstische Vermeidungsverhalten" von Kindern und Jugendlichen sein, oder die „Nullbockhaltung", die schon länger als neuer Sozialisationstyp gilt.

Zahlreiche Fallbeispiele belegen, dass frühe Beziehungsstörungen beim heranwachsenden Kind und Jugendlichen im späteren Entwicklungsverlauf nicht nur zu Vermeidungsverhalten, sondern auch zu überstarken symbiotischen Wünschen führen können. Die Angst, sich auf das Leben einzulassen, ist übergroß, weil entweder die innere Repräsentanz einer Sicherheit durch eine kontinuierliche Bezugsperson fehlt oder das Kind durch Überbehütung nicht in seine eigene Autonomieentwicklung losgelassen wurde. Diese Angst vor eigenen Erfahrungen, davor, eigenständig zu „fliegen", kann sich im weiteren Entwicklungsverlauf u.U. auch darin zeigen, dass die

Grenzen zwischen Ich und Du, Nähe und Distanz nicht eingehalten werden können.

In einer empirischen Untersuchung zur Leistungsmotivation wurde das Verhalten von Müttern untersucht. Dabei stellte sich heraus, dass Mütter von Kindern mit niedriger Leistungsmotivation eher bereit waren, einer Bitte des Kindes zu entsprechen, schnell in die Autonomiebestrebungen des Kindes eingriffen und selbstständig erbrachte Leistungen der Kinder nicht besonders unterstützten oder sie sogar unterdrückten. Im Gegensatz dazu hatten Mütter von Kindern mit hoher Leistungsmotivation diesen bereits sehr früh viel Eigenständigkeit zugestanden und ihnen dafür Anerkennung erwiesen. Hierbei war es wichtig, dass es bei der Einstellung zur kindlichen Autonomie um solche Situationen ging, die den Kindern bedeutungsvoll waren, wie z.B. einen hohen Baum erklettern, Auswahl der Freunde, alleine zum Spielplatz gehen usw. Bei der Selbstständigkeitsunterstützung, die nur den Eltern wichtig war und diese entlasten sollte, wie z.B. Zimmer aufräumen, Tisch decken oder selbstständig anziehen, schlug die forcierte Aufforderung, bestimmte Pflichten zu übernehmen, eher ins Gegenteil um, da sie sich nicht mit der Motivation der Kinder deckte.[17]

Viele Kinder werden heute zu lange in zu großer *Abhängigkeit* gelassen. Sie finden kaum Gelegenheit, ihre bereits vom ersten Lebenstag an beträchtlichen Fähigkeiten zur Eigeninitiative auszubilden. Der Pädagoge Hartmut von Hentig befürchtet, dass unsere gesellschaftliche Entwicklung zur weiteren Einengung der Selbstständigkeit von Kindern und Jugendlichen führt. „Die ständige Vermehrung der pädagogischen Maßnahmen hilft den Kindern (und Jugendlichen) nicht nur nicht, sie erzeugt einen Zustand besonderer Anfälligkeit und Ausgeliefertseins, mehr Institutionen und mehr Informationen belehren nun darüber, wie man mit diesen, nicht wie man *mit sich und seiner Welt* lebt."[18]

---

[17] vgl. hierzu: Nickel, H./Schmidt-Denter, U.: Vom Kleinkind zum Schulkind, 1991, 4. Aufl., S. 57f
[18] von Hentig, H., Vorwort in: Aries, P.: Geschichte der Kindheit, 1978, S. 38,

- **Verwahrlosung**

Neben einer Zahl von Kindern, die einer *Wohlstandsverwahrlosung und Überbehütung ausgesetzt sind,* gibt es immer mehr *bindungslose, nicht gewollte, überflüssige Kinder, denen basale Fürsorge vorenthalten wird,* hier handelt es sich um Verwahrlosung in psychischer und physischer Hinsicht. Eltern die selbst erschöpft und überfordert sind, unter Beziehungsstress und Arbeitslosigkeit leiden, an der Armutsgrenze leben, sind kaum in der Lage, ihr eigenes Leben zu gestalten, geschweige denn auf die Bedürfnisse ihrer Kinder einzugehen. Es wird vermutet, dass ca. 5–10% aller Kinder zu den vernachlässigten zählen[19], die Dunkelziffer ist sehr hoch, da gerade Kleinkinder, die noch keine Kindergärten oder Schulen besuchen, in der Familie verborgen werden und darum unbemerkt bleiben.

Zu den vernachlässigten Kindern werden solche gezählt, die ohne ausreichende Versorgung, Betreuung und Anregung alleingelassen werden, chronisch unterernährt sind, an unbehandelten Krankheiten leiden oder Gewalt und sexuellem Missbrauch ausgesetzt sind.

Je jünger die Kinder sind, desto stärker sind sie ihrer Lebenssituation hilflos ausgeliefert. Die lebenslangen Folgen sind u.a. Bindungslosigkeit, erhebliche Beeinträchtigungen im Sozialverhalten und im Leistungsbereich. Oftmals haben die Vernachlässigungen auch tragische, lebensbedrohliche oder tödliche Folgen.

Gerade Säuglinge und Kleinkinder haben wenig Möglichkeiten, sich zu wehren.

Durch Schreien, Schaukelbewegungen oder autoaggressives Verhalten machen sie auf sich aufmerksam. Durch Einsperren, Schläge, Alleinlassen oder Kontaktverweigerung versuchen sich die überforderten Eltern zu entziehen. Finden die aktiven Potenziale des Kindes, sich bemerkbar zu machen, keine Resonanz, treten sogenannte „Verlassenheitssyndrome"[20] auf,

---

[19] vgl. Untersuchungen von Esser, G./Weinel, H.: Vernachlässigende und ablehnende Mütter in Interaktion mit ihren Kindern, in: Martinius, J./Frank, R. (Hrsg.): Vernachlässigung, Mißbrauch und Mißhandlung von Kindern (Erkennen, Bewußtmachen, Helfen), 1990

[20] Biermann, G.: Die psychologische Situation des Kindes im Krankenhaus, in: Opitz, H./ Schmidt, F. (Hrsg.): Handbuch der Kinderheilkunde, Bd.VIII/1., S. 1014–1027, 1969

die sich in Nahrungsverweigerung, in apathischem Verhalten, in Selbst-
schädigungen und in der Abwendung von Sozialkontakten äußern können.
Diese Erscheinungen können auch dann auftreten, wenn die Kinder äußerlich relativ gut versorgt sind, ihnen aber Körperkontakt und individuelle,
kontinuierliche Zuwendung fehlen. Auf die große Bedeutung des Körper-
kontaktes hat das amerikanische Psychologenpaar Harlow[21] in einem Ex-
periment mit Affenkindern aufmerksam gemacht. Die Affenkinder wuchsen nicht mit ihren Müttern auf, sondern mit zwei Mutterattrappen. Die
eine bestand aus einem Drahtgestell mit einer Trinkvorrichtung, in der sich
Milch befand, die andere besaß keine Milch, war aber mit weichem, pelz-
artigem Stoff überzogen. Es zeigte sich, dass die jungen Affen sich bei der
warmen, weichen Mutterattrappe aufhielten und die Drahtfigur nur kurz
zum Trinken aufsuchten. Die weiche „Mutter" war auch der Ausgangspunkt für Erkundungsverhalten und sicherheitspendende Zufluchtsstätte.
Die Affenkinder bargen ihr Gesicht in dem weichen Stoff, wenn ein neues
unbekanntes Objekt, z.B. ein lärmerzeugendes, aufgezogenes Spielzeug in
den Käfig gesetzt wurde. Erst nach und nach wagten sie sich aus der Sicherheit hervor, um dann immer wieder dorthin zurückzukehren.
Gerade in jüngster Zeit haben Hirnforscher die These von Völkerkundlern
unterstützt, dass die emotionale Entwicklung eines Säuglings mitentschei-
dend sei für seine weitere Persönlichkeitsbildung und für seine spätere
Lernfähigkeit.
Kinder, die im Säuglingsalter selten gestreichelt und herumgetragen wurden, haben im Vergleich zu normal entwickelten Gleichaltrigen ein Gehirn-
volumen, das um 30 Prozent kleiner ist.
Da das menschliche Gehirn für viele Entwicklungswege offen ist, benötigt
der Mensch einen Rahmen seiner Orientierung und ein Ziel seines Handelns, ein „Objekt der Hingabe"[22], damit die Entfaltung der spezifisch
menschlichen Kräfte gefördert werden kann. Dies wird ihm durch liebevolle, sensible Bezugspersonen am ehesten zuteil.

[21] Harlow, H.F./Harlow, M.D.: The affectionate systems, in: Schrier, A.M. u.a. (Hrsg.):
Behavior of nonhuman primates, Vol. 2, 1965
[22] Fromm, E.: Haben oder Sein, 1. Aufl 1976, 22. Aufl. 1993, S. 134

Nicht befriedigte Bedürfnisse nach elementarem *Versorgtwerden* durch die Bezugspersonen werden später auf andere Objekte übertragen. Die Lehrerin, der Lehrer, die Gemeinschaft, der Staat, die jeweiligen anderen sind nun zuständig für symbiotische Wünsche, und werden diese nicht erfüllt, schlägt der nur allzu verständliche Symbiosewunsch nicht selten um in grenzenlose Wut auf die sich verweigernden oder fordernden Instanzen. Destruktive, abwehrende oder selbstzerstörerische Verhaltensweisen von Kindern weisen darauf hin, dass sie sich ihrer Individualität entsprechend nicht entfalten können und gehindert werden, existenzielle Erfahrungen zu machen.

4.4.1 Risikofaktoren

Straßenraub, Ladendiebstähle, Schlägereien und Mord – die Täter werden immer jünger! Nach einer Statistik des Bundeskriminalamtes ermittelte die Polizei 1996 ca. 130 000 Tatverdächtige unter 14 Jahren, dies bedeutet einen Anstieg gegenüber dem Vorjahr um 12,3%. Auch bei den über 14-jährigen ist die Kriminalitätsrate erheblich gestiegen, 9,1% mehr als im Jahr 1995 mit 277 479 Verdächtigen zwischen 14 bis 18 Jahren.

Aus welchen Lebenssituationen stammen die jungen Täter? Welche Gründe gibt es für den Anstieg an Gewalt unter Kindern?

Es kann nicht von einer einzigen Ursache, vielmehr muss von einem Ursachenbündel ausgegangen werden, das vorwiegend auf nicht befriedigte kindliche Bedürfnisse zurückzuführen ist.

Eine Statistik des Deutschen Kinderhilfswerkes zeigt, dass jugendliche Gewalttäter überwiegend aus Familien kommen, in denen die Eltern arbeitslos sind. Arbeitslosigkeit, Armut (eine Million Kinder und Jugendliche leben von der Sozialhilfe), zu wenig Lehr- und Arbeitsstellen, eine aggressive Werbung, in der Konsumgüter angeboten werden, die für viele nicht erreichbar sind oder die allgemeine Wert- und Orientierungskrise werden u.a. für die ansteigende Kinderkriminalität verantwortlich gemacht. Kinderkriminalität also ein Zeichen für soziale Krisen der Gesellschaft?

Biografien von jugendlichen Gewalttätern bestätigen oft einen wesentlichen Zusammenhang von Gewalt und Verwahrlosungserscheinungen, Ungeborgenheitserfahrungen in der Kindheit führen nicht selten in die Kriminalität. Der Kinderschutzbund schätzt, dass jedes zehnte Kind in den Familien geschlagen wird und eines von 150 Kindern sexuell missbraucht wird. Kinder, die physische und psychische Gewalt, Desinteresse, Vernachlässigung und Missachtung ihrer kindlichen Würde erfahren haben, geben als Erwachsene an ihre Kinder weiter, was ihnen angetan wurde. Viele schlagende Eltern wurden in ihrer Kindheit selbst geschlagen oder haben Missachtung erfahren. Hier zeigen sich Zusammenhänge, die weit reichende Folgen über Generationen hinweg haben können.

Die Herabsetzung der Strafmündigkeit oder härtere Strafen sind kein entwicklungsfördernder Weg. Die aktuelle Diskussion dreht sich immer wieder auch um die Frage der Präventionsmaßnahmen.

Aber wo beginnt die Prävention? Bei der Polizei, die als Sozialarbeiter im Sinne einer „Community-Policing" wie in Amerika fungiert? Bei Institutionen, die wieder zu Orten des sozialen Lernens werden sollen? Oder noch früher, bei den Familien, den Eltern, die selbst erst erziehungs- und beziehungsfähig „gemacht" werden müssten? Misshandelte Kinder bei der Bewältigung ihrer Probleme zu unterstützen hieße zweierlei: ihnen Entwicklungschancen zu geben, damit sie zum einen in die Lage versetzt werden, ihr eigenes Leben zu gestalten, um dadurch als Erwachsene für ihre Kinder kompetente Begleiter zu sein. Sozialpädagogische Arbeit mit Kindern müsste somit auch immer Familienarbeit sein und die Eltern und das Familiensystem unterstützen. Gleichzeitig müssen die gesellschaftlichen Rahmenbedingungen für Familien verbessert werden, da z.B. Arbeitslosigkeit und Armut sich auf die Möglichkeit einer entwicklungsfördernden Balance einzelner Familienmitglieder ebenso auswirken wie auf die des gesamten Familiensystems. Eltern, die in ihrer ökonomischen Situation (Armut, Arbeitslosigkeit, unbefriedigende Lebens-und Wohnverhältnisse) selbst psychisch belastet sind, können die Basis einer emotional befriedigenden Eltern-Kind-Beziehung oftmals schon aus diesem Grund nicht herstellen. Die persönlichen Schwierigkeiten der Eltern, speziell auch durch schlechte ökonomische Bedingungen, können mit ein Grund für die Vernachlässigung von Kindern sein. Die wirtschaftliche Situation von Familien stellt nicht nur eine materielle Existenzsicherung dar, sondern bestimmt deren Lebensstandard, die Wohnsituation, die Chancengleichheit, und damit die persönlichen Entwicklungschancen aller Familienmitglieder. Zu den finanziell benachteiligten Gruppen der Gesellschaft zählen immer noch Familien mit mehreren Kindern, Ein-Elternteil-Familien, Familien, die von Arbeitslosigkeit betroffen oder sozialhilfebedürftig sind. Die finanzielle Belastung eines Haushaltes mit Kindern stellt bei der Minderung des Pro-Kopf-Einkommens ein Überschuldungs- und Armutsrisiko dar, das nicht durch den Familienlastenausgleich abgesichert ist.

Unter dem besonderen Aspekt des Wohnungsmangels und der hohen Mieten haben einkommensschwache Familien auf dem freien Wohnungsmarkt kaum Chancen, eine den Wohnbedürfnissen aller Familienmitglieder entsprechende Wohnung zu finden. Besonders benachteiligt sind auch hier wieder Familien mit Kindern und Alleinerziehende. Da die Qualität der Wohnverhältnisse (Infrastruktur, Größe, Umgebung) die Lebensbedingungen der Familie erheblich beeinflusst, ist es unschwer nachvollziehbar, wenn in beengten und schlechten Wohnverhältnissen das Konflikt- und Gewaltpotenzial innerhalb einer Familie ansteigt. Eine räumliche Distanzierung ist ebenso wenig möglich wie ausreichende Bewegungs- und Spielmöglichkeiten für Kinder. Immer mehr Familien geraten demgegenüber in eine Versorgungssituation, die sich unterhalb der Armutsgrenze bewegt. In Anbetracht der hohen Arbeitslosenzahlen steigt die finanzielle Benachteiligung gerade der Personen, die besonders des staatlichen Schutzes bedürfen.

Das Armutsrisiko und die finanzielle Benachteiligung betrifft besonders stark allein erziehende Mütter mit ihren Kindern. Die Scheidungsrate beträgt ⅓ aller Eheschließungen, sodass immer mehr Kinder in anderen Familienformen als der traditionellen Vater-Mutter- Kind(er)- Familie leben. Nicht selten wachsen sie in einer ökonomisch unzureichend abgesicherten Ein-Elternteil-Familie auf. Der Begriff „Neue Armut" beschreibt die Veränderungen der Armutsentwicklung der letzten Jahre. Die psycho-

sozialen Folgen bei Eltern, die von Arbeitslosigkeit und Sozialhilfe-
bedürftigkeit betroffen sind, bleibt nicht ohne Auswirkungen auf die körperliche, seelische und soziale Entwicklung der Kinder. Wenn die Lebenssituation eines Kindes durch Hoffnungslosigkeit und Ohnmacht der
Eltern angesichts ihrer finanziellen Situation bestimmt ist, können sich die
resignative Haltung und die damit verbundenen Verhaltensweisen der Eltern auf die Kinder übertragen. Die Lebensperspektive eines lang-
zeitarbeitslosen Vaters wird sich in den seltensten Fällen durch hohe Motivation und große Lebensfreude auszeichnen. Ein Leben in Armut kann oft
auch Prestigeverlust, Abbau sozialer Beziehungen und Hinwendung zu
Suchtmitteln bedeuten.

Eine solch beeinträchtigende Lebenswelt kann ein wesentlicher Risikofak-
tor im familiären Lebenszusammenhang sein, der zu einem erhöhten Grad
an Gefährdungen und Vernachlässigungssituationen führen kann.

Treten neben diesen ökonomischen und sozialen Faktoren noch weitere
auf, die durch psychische und körperliche Beeinträchtigungen der Eltern
bedingt sind oder durch nicht bewältigte Krisensituationen, wie
Trennungs- und Partnerschaftskonflikte, Krankheiten, Drogenkonsum
usw., dann erhöht sich die Wahrscheinlichkeit um ein Vielfaches, dass es zu
Symptomen von Vernachlässigung und daraus folgernd zu Störungen bei
den Kindern kommt.

Statistiken zeigen, dass auffällige Kinder und Jugendliche keineswegs nur
aus Familien mit erhöhtem Risiko kommen. Eine sozioökonomische und
sozialstrukturelle Analyse der Lebenssituation von Familien reicht als Erklärung nicht aus. Auch Kinder aus gut situierten, bürgerlichen Elternhäu-
sern mit ausreichend materieller Versorgung machen in unterschiedlicher
Weise auf sich aufmerksam. Mangelnde Akzeptanz, Überbehütung oder
materielle Verwöhnung in den Herkunftsfamilien bieten wenig Unterstützung für die Balance von „Wurzeln und Flügeln".

4.4.2 Widerstand als Lebenskraft?

Wenn innere und äußere Bedingungen Menschen daran hindern, ihrer Struktur gemäß zu wachsen, aktiviert das meist eine elementare Widerstandskraft des Menschen. Wird der spontane Wille des Kindes, sein Bedürfnis nach Zuwendung, Kontakt und Stabilität, sowie sein Wunsch nach Weiterentwicklung und sinnvollem Tun eingeschränkt, leistet es Widerstand.

Der Psychoanalytiker Erich Fromm stellt diesen Widerstand in ganz unterschiedlichen Variationen dar.

Nicht immer haben wir es mit gewalttätigen Formen zu tun, so kann es auch zu psychosomatischen Erkrankungen oder Vermeidungsverhalten kommen.

„Die Rebellion des Kindes manifestiert sich auf viele Arten: indem das Kind die Gebote der Reinlichkeitserziehung missachtet; indem es zu wenig oder zu viel isst; sowie durch Aggressivität, Sadismus und selbstzerstörerisches Verhalten verschiedenster Art. Oft zeigt sich die Rebellion in Form eines allgemeinen Trägheitsstreiks – Abzug des Interesses von der Welt, Faulheit und Passivität bis hin zu sehr pathologischen Varianten langsamer Selbstzerstörung."[23]

Das stille Leiden von Kindern, die sich eher depressiv zurückziehen oder weniger lautstark auf sich aufmerksam machen, wird dabei weniger beachtet, als die Formen des Widerstandes, die im gesellschaftlichen Zusammenleben als störend und beängstigend empfunden werden.

Zerstörung und Gewalt können eine letzte, wenn auch destruktiv eingesetzte *Lebenskraft* von jungen Menschen sein, denen schon sehr früh das Grundrecht genommen wurde, sich körperlich, geistig, seelisch, sittlich und sozial zu entwickeln. Kinder machen darauf aufmerksam, dass sich ihre Lebenswurzeln nicht ausbilden konnten, bzw. schon sehr früh zerstört wurden, oder sie am entwicklungsadäquaten Fliegen, d.h. Selbstständigwerden gehindert wurden.

---

[23] Fromm, E., a.a.O., S. 82

- Kann der Widerstand auch in seiner destruktiven Form dennoch als eine positive Kraft verstanden werden? Ist er ein Versuch des Kindes, einen Rest von Identität und Persönlichkeit zu retten?

Ganz sicher ist er eine der letzten noch verbleibenden Möglichkeiten, sich dem Druck zu widersetzen, der ausgeübt wird, um Kinder in Richtungen zu zwingen, die ihrer individuellen Struktur widersprechen und ihren Entwicklungsprozessen schaden.

Ein Kind, das seinen Bedürfnissen, seinen Wachstumsmöglichkeiten, seinen Ordnungen des Lebens nicht entsprechen kann, setzt Zeichen, damit die grundlegenden Ordnungen hergestellt werden.

Es liegt an uns, diese Signale zu entschlüsseln und angemessen darauf zu reagieren.

Kinder haben das Recht, sich körperlich, geistig, seelisch, sittlich und sozial entwickeln zu können. Sind den Eltern selbst zu wenig „Wurzel- und Heimaterfahrungen" in ihrer Entwicklung zuteil geworden oder sind sie überfordert und hilflos im Umgang mit ihren Kindern, dann müssen andere Institutionen die Verantwortung für die Kinder übernehmen, oder dafür Sorge tragen, dass Eltern beziehungs- und erziehungsfähig werden, damit das Grundrecht des Kindes eingelöst werden kann.

Neben nachdrücklichen Forderungen bezüglich der Einhaltung der Menschenrechte (dazu gehört auch das Recht auf einen Arbeitsplatz, eine Wohnung, materielle Sicherheit usw.) müssen alle Schritte unternommen werden, die dem Schutz des Kindes dienen. Präventive Maßnahmen, sozialpädagogischberatende Angebote, familienunterstützende und finanzielle Hilfen müssen miteinander sinnvoll verknüpft werden. In Einzelfällen werden dazu aber auch immer solche Schutzmaßnahmen gehören müssen, bei denen, auch gegen den Willen der Eltern, ein Kind, zumindest vorübergehend, aus der Familie genommen werden muss.

5 Lebenssituationen von Kindern

5.1 Veränderte Kindheitsbedingungen

Ebenso wie Janusz Korczak hat auch der Pädagoge Johann Heinrich Pestalozzi (1746–1827) darauf hingewiesen, dass der Mensch am nachhaltigsten in konkreten Lebenssituationen lernt, dort, wo er Erfahrungen mit sich und der Welt machen und sich mit ihr auseinandersetzen kann.

Pestalozzi bezweifelte den Wert des „Maulbrauchens", wie er die „Kunst der Modelehrart", den klassischen Schulunterricht bezeichnete.[1]

Wir lernen nicht in erster Linie durch die Vorgaben anderer, sondern durch Versuch und Irrtum, durch eigene Erfahrungen und Erprobungen.

Damit Erwachsene an den Umgangserfahrungen der Kinder teilnehmen können, und sie an den ihren, muss es Bereiche der gemeinsamen Alltagsgestaltung geben.

Für Pestalozzi gab es diese *Überschneidung der Lebensräume* vorwiegend in der „Wohnstubenatmosphäre", wo er die natürlichen Bedingungen des Miteinanderumgehens weitgehend enthalten sah. Die Wohnstube mit ihren häuslichen Arbeitsbereichen und den dort lebenden Familienmitgliedern bot genügend Aufforderungscharakter zum beiläufigen Lernen, hier wurde das Essen zubereitet, man besprach die Alltagsdinge, es wurden alte und kranke Familienmitglieder gepflegt, Kinder wuchsen gemeinsam auf, man feierte Feste und lebte in vorgegebenen Ritualen. Er bezeichnete die Wohnstube als den inneren Kreis einer natürlichen Lernumgebung, den weitere konzentrische Kreise umschließen. Von der Sicherheit der Wohnstube ging das älter werdende Kind in den nächsten Kreis der Nachbarschaft und näheren Umgebung, erweiterte seinen Horizont durch den neuen Lebensbereich Schule und von dort aus führte sein Weg in die

---

[1] vgl. Ausführungen hierzu Pestalozzi, J.H.: Sämtliche Werke, Kritische Ausgabe begründet von Buchenau, A./Spranger, E./Stettbacher, H., 1972ff, Bd. III, S. 197f und Bd. VII, S. 249

Berufsausbildung und in gesellschaftlich-politische Aufgaben. Dem Alter des Kindes entsprechend konnte es von der „Wohnstube" aus die anderen Kreise eigenständig erreichen und sich diese nacheinander erschließen.

Konzentrische Lebenskreise

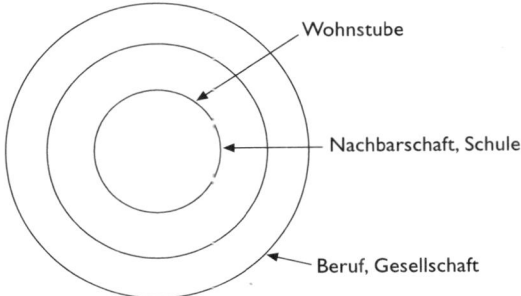

In Pestalozzis Erziehungsheim und später in seinen Schulen wollte er die Lebenssituation der Wohnstube und damit auch die Überschneidung der erwachsenen und kindlichen Lebensbereiche weitgehend nachahmen.
Er wollte u.a. beweisen, „dass die Vorzüge, die die häusliche Erziehung hat, von der öffentlichen müsse nachgeahmt werden, ..."[2]
Dazu gehörte nicht nur, dass Erwachsene und Kinder ihren Lebensalltag miteinander teilten, sondern auch dass Kleinere von Größeren lernten, und sich Erzieherinnen und Erzieher selbst als Lernende verstanden.
Dies sind Überlegungen, auf die wir heute wieder zurückgreifen können, wenn wir darüber nachdenken, welche Möglichkeiten es in unserer Gesellschaft gibt, bzw. welche wir wieder konstruieren müssen, damit eine Überschneidung gemeinsamer Lebensbereiche zu Stande kommen kann. Ich denke an Familienbildungszentren oder an Konzeptionen einiger Kindertageseinrichtungen, die zu Familienbegegnungsstätten geworden sind. Aber auch Marktplatzsituationen der Nachbarschaftshilfe und Kontakt-

[2] Pestalozzi, J.H.: a.a.O., Bd. XIII, S. 7

zentren in Wohngebieten, oder intergenerative Wohnprojekte können solche Möglichkeiten wieder neu eröffnen.

Des Weiteren verweist Pestalozzi auf die große Kraft der Kindergemeinschaft; Kinder helfen und unterstützen sich gegenseitig, übernehmen Aufgaben und Pflichten und erfahren dadurch, dass es befriedigend sein kann, Verantwortung zu tragen.

Indem jemand Mensch ist für andere, gewinnt er an Lebens- und Sinnerfüllung.

Die Kinder wurden in Überlegungen einbezogen, die die Organisation des Hauses betrafen, und sie übernahmen wie selbstverständlich Haus- und Gartenarbeiten. Hierbei erprobten Kinder ihre eigenen Kräfte, lernten durch Versuch und Irrtum, und zwar sowohl durch Misserfolge als auch durch Erfolge und Anerkennung. Diese Eigenleistungen der Kinder hatten nach Pestalozzi Auswirkungen auf ihr Lebensgefühl. Pestalozzi wollte die Kinder dabei unterstützen, ihre Selbstentfaltungspotenziale und ihren Willen zu stärken, damit sie als „Werk ihrer selbst" leben konnten und nicht als „Werk der Gesellschaft" oder „Werk der Natur" nur den inneren und äußeren Kräften ausgeliefert waren.

Der Alltag mit seinen immer wiederkehrenden Aufgaben fordert heraus sich diesen zu stellen. In einer offenen Struktur der Umgangsmöglichkeiten mit Menschen, Dingen, Situationen, eben mit „der Welt", können Gefühle und Verhaltensweisen erlebt, ausprobiert, erweitert und korrigiert werden. Der Mensch findet sich in einer Welt vor, die er verstehen lernen muss, um sich in ihr zurechtzufinden. Der Umgang mit dieser Welt bedarf nicht in erster Linie eines *Wissens von, sondern einer Haltung in der Welt.* Dies stellt die Basis des Lebens dar, auf der es möglich wird, die vielen Informationen von der Welt einordnen zu können.

Der Amerikaner Urie Bronfenbrenner ist in den 70er-Jahren in seinem Modell der vier sozial-ökologischen Zonen zu einer ähnlichen Strukturierung wie Pestalozzi gekommen. Er sieht das Kind als *Gestalter seiner Lebenswelt,* das seine Umweltbereiche aktiv aufsucht, sie sich aneignet, sich in diese eingliedert und sie verändert. Die Interaktionen innerhalb dieser Lebensbereiche bieten Anregungen für vielfältige neue Tätigkeiten, Lernprozesse, Beziehungsformen und Rollen. Hierbei bedürfen Kinder Hilfen der Interpretation der unterschiedlichen Welten, dies geschieht zum einen in pädagogisch dafür vorgesehen Bildungseinrichtungen, zum andern werden diese Aufgaben immer mehr durch Medien oder Peergroups übernommen.

Sozialökologische Zonen[3]

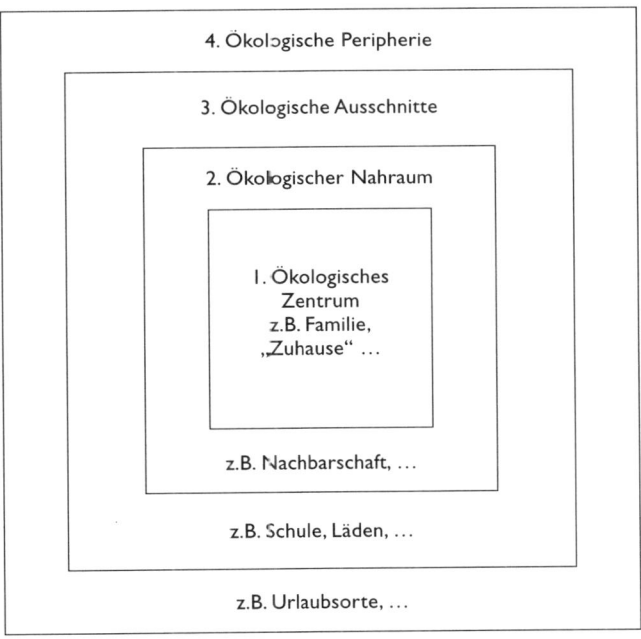

Nun muss dem entgegenhalten werden, dass sich in unserer Gesellschaft nicht nur die Lebensbedingungen innerhalb der ökologischen Zonen einschneidend gewandelt haben, sondern auch die Verbindungen zwischen ihnen oftmals nicht mehr so ohne weiteres herstellbar sind.

[3] Baacke, D.: Die 6–12-Jährigen, 1991, S. 96

Kindheit findet heute kaum noch in konzentrischen Kreisen statt. In den Bereichen, in denen Kinder sich aufhalten, sind sie den gesellschaftlichen Strukturen und Regelungen eher ausgeliefert, als dass sie ihnen gemäße Aneignungs- und Gestaltungsmöglichkeiten hätten.

Die wichtigen Ziele außerhalb der Wohnung werden als getrennt erlebte Einzelstationen, wie verschiedene Inseln in einem immer größer werdenden Lebensraum, wahrgenommen. Es wird von *„verinselter Kindheit"* gesprochen.[4] Die weiteren Entfernungen zu den Rauminseln, z.B. Kindergarten, Schule, Besuch bei Freunden und Verwandten werden entweder mit dem Auto abgefahren oder mit öffentlichen Verkehrsmitteln überbrückt. Der Raum zwischen den einzelnen Zonen wird zu einem erlebnisarmen, schnell hinter sich zu bringenden Zwischenstadium. Jüngere Kinder sind davon abhängig, dass ihre Eltern sie begleiten oder sie mit dem Auto von einer Insel zu anderen transportieren. Es ist nichts Ungewöhnliches, dass eine der Haupttätigkeiten von Müttern mit mehreren Kindern darin besteht, als „Taxifahrerin" zu fungieren. Dadurch wird die Unselbstständigkeit von Kindern verlängert und die Zeiteinteilung hängt weitgehend von dem Zeitplan der Erwachsenen ab, bzw. muss mit diesen langfristig ausgehandelt werden. Durch den Wandel des Raumerlebens haben Kinder immer seltener die Möglichkeit, Zusammenhänge zwischen den einzelnen Orten eigenständig zu erfassen und auf den Wegen wichtige selbst-

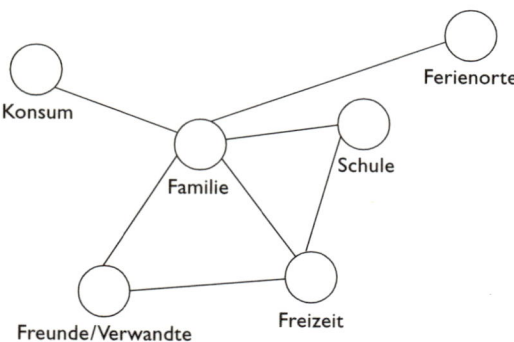

[4] vgl. Ziehe, T.: Zeitvergleiche, Jugend in kulturellen Modernisierungen, 1991

bestimmte Erfahrungen zu sammeln. Die Zerstückelung des Lebensraums betrifft Kinder und Erwachsene.

In der Stadt wird die räumliche Lebenswelt von Kindern noch zusätzlich durch die ständige Zunahme des Verkehrs und den dadurch steigenden Bedarf an Parkplätzen bestimmt. Die noch nicht zubetonierten Grünflächen, Parks oder Spielplätze bieten selten ungestörten und ungefährlichen Bewegungs- und Abenteuerraum. Viele Kinder leben in engen Mietwohnungen ohne Außengelände – ihr motorisches Bedürfnis ist dadurch erheblich eingeschränkt.

Während Kinder früher noch genügend Möglichkeiten hatten, sich eigenständig in der Nähe ihrer Wohnung zu bewegen, dort andere Kinder zu treffen, ökologische Nischen zu erkunden, so sind die Spiel- und Erprobungsräume heute sehr eingeschränkt. Kinder können nicht ohne weiteres ohne Aufsicht draußen spielen, sie müssen lernen, mit den Gefahren, z.B. des Straßenverkehrs umzugehen.

Die Beschreibungen von Kindheit als „Großstadt,- Medien,- Konsumkindheit, Zukunftskindheit, Kleinfamilienkindheit, pädagogische und Schulkindheit" verweisen auf weitere Einschränkungen von Erfahrungsräumen. Die daraus resultierenden Auswirkungen sind unter folgenden Stichworten zusammengefasst:

Reduktion von Eigentätigkeit

Mediatisierung von Erfahrung

Expertisierung der Erziehung[5]

Kindheit heute hat sich zu einem erfolgreichen Wirtschaftsmarkt entwickelt. Die Angebote liegen längst nicht mehr nur im Bereich der Spielzeugwelt, sondern Kindermode, bestimmte Nahrungsmittel und Süßigkeiten, Freizeit- und Kulturangebote und vor allen Dingen die rapide Verbreitung der Unterhaltungselektronik und der Printmedien stellen neben einer Fülle von neuen Möglichkeiten auch immer neue Herausforderungen und Probleme dar. Kinder werden zunehmend zu Konsumenten und bewegungsarmen Bildbeschauern. Zur Realität von Kindern gehören virtuelle

---

[5] vgl. Rolff, H. G./Zimmermann, P.: Kindheit im Wandel, 1985

Welten: Computerspiele, Internet und Gameboy haben in vielen Kinderzimmern ihren festen Platz. Viele Kinder befriedigen ihre Neugier auf die Welt und ihre Entdeckerlust nicht mehr durch eigenes Experimentieren, sondern vorwiegend durch Medien. Zwischen die Kinderwelt und die eigene erlebte Wirklichkeit drängen sich mediatisierte Erfahrungen. Diese neuen Miterzieher der Kinder können nicht durch Forderungen nach konsum- und medienfreier Kindheit eliminiert, sondern müssen sinnvoll ins Leben der Kinder integriert werden. Eine Welt ohne Medien ist nicht mehr vorstellbar, und darum ist es wichtig, den Umgang mit ihnen zu erlernen, ihre Bedeutung und ihre Wirkung zu verstehen. Konsumenten- und Medienkompetenz gehören heute mit zu den Fähigkeiten, die zur Lebensbewältigung notwendig sind.

Darüber hinaus finden Kinder immer weniger Bereiche, die nicht durch Pädagogen und Fachleute organisiert, betreut oder kontrolliert werden. Gab es in den Nachkriegsjahren für Kinder noch viele so genannte „Kontrolllöcher", in denen sie unbeaufsichtigt andere Kinder treffen und mit diesen spielen und Erfahrungen sammeln konnten, so gibt es heute immer mehr pädagogische Einrichtungen, in denen Kinder, umstellt von pädagogisch und psychologisch geschulten Erwachsenen, aufwachsen.

In einer komplexer gewordenen Lebenswelt ist das Aufwachsen von Kindern und Jugendlichen differenzierter, unkalkulierbarer und problematischer geworden, damit sind die Anforderungen an Eltern, Erzieherinnen und Erzieher gewachsen.

Neben den bisher genannten gewandelten Lebensbedingungen für Kinder muss auch die Veränderung von *Familienstrukturen* Erwähnung finden.

Pestalozzis „Wohnstube" wird nicht nur durch die unterschiedlichen Außentermine aller Familienmitglieder im Familiensystem immer weniger zum Ort des gemeinsamen Lebens. Durch alternative Lebensformen und den Verlust bisheriger Sicherheiten werden Erwachsene und Kinder zunehmend vor neue Bewältigungsaufgaben gestellt.

Für Kinder gilt dies besonders dann, wenn sie unter Trennung, Scheidung und Veränderungen ihres Lebensumfeldes zu leiden haben, und keine Begleitung durch verständnisvolle Erwachsene haben.

Oft sind Erwachsene in Krisensituationen selbst so stark mit sich und mit der Herstellung ihrer eigenen Balance beschäftigt, dass sie nicht immer die Kraft haben, ihre Kinder zu trösten und zu unterstützen.

Wenn Eltern es schaffen, zusammen mit ihren Kindern neue Lebens- und Krisensituationen zu bewältigen, dann könnten familiäre Veränderungen nicht nur Risiken darstellen, sondern neue Chancen der Lebensgestaltung bieten. Dafür werden Unterstützungssysteme, so genannte dritte Orte, immer notwendiger, die Kindern und Erwachsenen Hilfen anbieten, damit sie in den neuen, oftmals belastenden Lebenssituationen zurechtkommen können.

Wie das im Einzelnen aussehen kann, soll im folgenden Kapitel dargestellt werden.

5.2 Die Familie ist tot – es lebe die Familie

In der industriellen Zeit wurde die Familie immer mehr eine Gegenwelt zur Arbeits- und Produktionswelt, in der weniger Emotionen und Spontaneität als vielmehr Konkurrenzfähigkeit und Leistung gefordert wurden. Familien mussten somit immer mehr den emotionalen Bezugspunkt zur außerfamilialen Welt bieten. Dies hatte für Männer und Frauen unterschiedliche Konsequenzen: Während die Frau zuständig war für die familialen Gefühle und die Inszenierung der Privatheit, dominierte in der öffentlichen Gesellschaft der Mann, der allerdings auch in der Familie seinen Herrschaftsanspruch beibehielt. Frau und Kinder standen in materieller Abhängigkeit. Klare Rollenzuweisungen gewährleisteten über einen langen Zeitraum des Familienlebens *Konstanz* und Stabilität.

Heute wird Familie als eine sich ständig wandelnde und entwickelnde Einheit von Menschen verstanden, in der sich jeder Einzelne und die Familie als System immer neu an die Veränderungen einzelner, wie z.B. das Heranwachsen der Kinder, den Wiedereintritt der Mutter in den Beruf, Krankheit oder Krisen anzupassen haben. Familie stellt ein System von gelebten und gewünschten Beziehungen zwischen Erwachsenen und Kindern dar, wobei die Eltern die Verantwortung für das Leben der eigenen oder angenommenen Kinder übernehmen. Die Familie kennzeichnet der Wunsch nach Kontinuität, Innengerichtetheit und Privatheit.

Für die Entwicklung des Kindes sind die Beziehungen zu Vater und Mutter ebenso wichtig, wie das familiäre Klima und die Beziehung der Eltern untereinander. Beide Bezugspersonen spielen für die Identitätsentwicklung des Kindes eine wichtige Rolle.

5.2.1 Dreiecksbeziehung Mutter-Vater-Kind

Das Erste, was wir als Embryos erfahren ist die Zweierbeziehung, die „Dyade" mit der Mutter. Mit ihr erleben wir unsere erste vorgeburtliche und nachgeburtliche Beziehung.

Schauen wir uns die Modelle über die Entwicklung des Säuglings und Kleinkindes an, so fällt auf, dass der Mutter-Kind-Dyade sehr viel wissenschaftliche Aufmerksamkeit zugekommen ist.

Durch die starke Betonung der Mutter-Kind-Beziehung, besonders in den ersten Lebensjahren, wurde der Blick auf die Bedeutung des Vaters (oder *eines anderen Dritten*[6]) *im Bezugssystem Familie verhindert.* Gleichwohl wird die Mutter-Kind-Dyade wesentlich von dem Beziehungsdreieck Mutter-Vater-Kind, der Triade, beeinflusst. Für Mutter und Kind ist es bereits während der Schwangerschaft ein Unterschied, ob beide in eine verlässliche Beziehung zu einem Partner und Vater, der sie seelisch und körperlich unterstützt, eingebunden sind, oder ob die Verantwortung für das Kind alleine bei der Mutter liegt. Einflüsse psychischer Art werden von der Mutter auf den Fötus übertragen. So konnte der Nachweis erbracht werden, dass mütterlicher Stress (bedingt durch geringe anerkannte soziale Stellung der Mutter, durch mangelnde Akzeptanz der allein erziehenden Schwangeren, durch Beziehungskrisen in der Partnerschaft) mit einer hohen Zahl von

---

[6] Ich spreche im weiteren Verlauf vom Vater, womit ich in diesem Zusammenhang zwar in erster Linie den leiblichen Vater meine, aber andere Dritte, wie den Partner der Mutter, der nicht der leibliche Vater ist, einbeziehe.

Fehl- oder Totgeburten korreliert.[7] Über die Nervenbahnen wirken sich Gefühlsschwankungen der Mutter auf die Höhe der Aktivität des Fötus aus und bestimmen seine Pulsfrequenz. Bei starken Emotionen der Mutter verändert sich der Milchsäure- und Kohlendioxidgehalt des Blutes, dies wiederum führt zu erhöhten Aktivitäten. Weitreichende Untersuchungen auf diesem Gebiet liegen schon seit 1935 von L.W. Sonntag und R.F. Wallace[8] vor. Durch Einstellungsfragebögen und durch die Beobachtung des späteren Verhaltens der Babys stellen sie eine eindeutige Korrelation zwischen den Emotionen der Mutter und dem Verhalten der Kinder fest. Was die Mutter erst dem ungeborenen und dann dem heranwachsenden Kind an Sicherheit, Bedürfnisbefriedigung, Geborgenheit und Vertrauen ins Leben vermitteln kann, wird u.a. auch davon mitbestimmt, wie zufrieden sie mit ihrer Lebenssituation ist. Das Wohlbehagen hängt in vielen Fällen auch davon ab, wie sicher und akzeptiert sich die Mutter in der Beziehung zu ihrem Partner oder in ihrem sonstigen sozialen Umfeld fühlt.

Zwar gilt die Mutter nach wie vor als die wichtigste Bezugsperson des Säuglings und Kleinkindes, wenn auch ein leichter Anstieg bei der Übernahme von Verantwortung für Säuglinge und Kleinkinder bei den Vätern zu verzeichnen ist. Statistisch gesehen kann auch heute noch, in Anlehnung an Mitscherlich, von einer „vaterlosen Gesellschaft"[9] gesprochen werden. Auch wenn die „neuen Väter" zunehmend die Schwangerschaftskurse und die Kreissäle erobert haben, sind sie doch weniger bereit, Erziehungsurlaub zu nehmen. Finanzielle Einbußen oder Schwierigkeiten mit den Arbeitsstrukturen verhindern Vätern den Zugang zu Familienaufgaben, selbst wenn sie es wollten. Frauen hingegen wird es dadurch erschwert, Familie und Beruf zu verknüpfen, es sei denn, ihre Arbeit ist höher qualifiziert und besser bezahlt als die des Mannes. In diesen seltenen Fällen sind es einige wenige Männer, die einen Erziehungsurlaub antreten. Statistisch gesehen sind es aber doch die Frauen, die für Erziehungsaufga-

[7] Graber, H. G./Kruse, F. (Hrsg.): Vorgeburtliches Seelenleben, 1973, S. 132
[8] Sonntag, L.W./Walace,R.F.: The movement response of the human foetus to sound stimuli, in: „Child Development" 1935, 6., S. 253–258
[9] Mitscherlich, A.: Auf dem Wege zur vaterlosen Gesellschaft, 1963

ben und Familienarbeit zuständig sind. Daran hat sich mit der Einführung von Erziehungsgeld und Erziehungsurlaub nicht viel geändert.

Unabhängig davon, ob Mütter, Väter oder andere Bezugspersonen für die basale Fürsorge und Pflege des Säuglings zuständig sind, in der Fachliteratur wird weitgehend noch immer davon ausgegangen, dass die frühen Interaktionen dyadisch angelegt sind, obwohl eine ausschließlich *dyadische* Betrachtungsweise frühkindlicher Entwicklung als überholt gilt. Dennoch gehen wir in sozialpolitischen Überlegungen immer noch davon aus, „als handle es sich bei dieser zugegeben äußerst bedeutsamen Dyade (zwischen Mutter und Kind) um ein hermetisch abgeriegeltes Universum."[10] Gesunde kindliche Entwicklung wird nach wie vor gerne als Resultat einer gelungenen Mutter-Kind-Beziehung verstanden.

Bildet sich in der bemerkenswerten Ignoranz gerade neuerer Forschungsansätze eine konservative Familienideologie ab, die den Müttern wieder die Hauptversorgungsaufgabe der Kinder zuschreiben will?

Durch die gesellschaftlich zugewiesene Rolle werden Mütter damit auch heute noch zu Hauptverantwortlichen in der Kindererziehung gemacht. Kann, wie bei Verwahrlosung von Kindern, diese Verantwortung nicht eingelöst werden, sei es auf Grund eigener Krisen oder ökonomischer und sozialer Bedingungen, sind die Väter selten im Blick. Oft haben sie die Familien bereits verlassen und entziehen sich damit der Verantwortung. Sie sind selbst dann nicht dem Vorwurf der Kindesvernachlässigung ausgesetzt, wenn sie Unterhaltszahlungen verweigern. Mütter sind meist diejenigen, die bei den Kindern bleiben, und auf sie richtet sich die gesellschaftliche Ächtung, wenn sie ihre Aufgabe nicht erfüllen können.

Wenn man davon ausgeht, dass bereits der Säugling in seinen ersten Lebensmonaten Beziehungen aktiv aufsucht, die man mit dem Begriff der erweiterten Symbiose oder der Koaktion bezeichnen kann, so stellt sich natürlich die Frage, ob diese Interaktionen nur in der Mutter-Kind-Beziehung ihren Platz haben. Dieser Dritte kann der Vater oder eine oder mehrere andere Personen innerhalb des Familienverbundes sein.

---

[10] Schon, L.: Entwicklung des Beziehungsdreiecks Vater-Mutter-Kind, 1995, S. 24

Nur wenige Autoren haben bisher die Möglichkeit in Erwägung gezogen, dass frühe Interaktionen von Anfang an sowohl dyadisch als auch *triadisch* sein könnten, und sich auch im weiteren Entwicklungsverlauf des Menschen alle gelungene Beziehungen auf ein Drittes hin orientieren, so wie biologisch das Kind als Drittes durch Vater und Mutter entstanden ist.

Mit diesem Dritten taucht eine weitere Dimension im Lebensprozess auf, es ist die Repräsentation von Welt mit ihren Anforderungen, Zumutungen und Handlungsaufforderungen. Das Dritte steht als Verbindungsglied zwischen Mutter und Kind und macht kreative Entwicklung möglich, da es die Chance einer Öffnung nach außen beinhaltet. Der Wechsel zwischen Mutter und Vater ermöglicht Differenzerfahrungen. Die Leistung des Kindes besteht darin, unterschiedlich wahrgenommene Objekte und deren Beziehung zueinander zu integrieren. So werden z.B. aus der Distanz wahrgenommen Objekte mit den in der Nähe erfahrenen verglichen, die unterschiedlichen Perspektiven können in Beziehung gesetzt werden. Die Triade zwischen Mutter-Vater-Kind ermöglichen aus systemischer Sicht dem Individuum, mehrere Perspektiven einzunehmen. Vater und Mutter werden aus der kindlichen Perspektive abwechselnd wahrgenommen, und mit jedem von ihnen werden andere Interaktionen durchgeführt.

Eine lebendige Triade ermöglicht die Erfahrung von Einssein mit anderen ebenso wie von Ausgeschlossensein, was wiederum je nach Entwicklung des Kindes Frustrationstoleranz und Bedürfnisbefriedigungsaufschub erfordert. Die Erfahrung des Ausgeschlossenseins ist konflikthaft, aber nicht tragisch zu verstehen. Sie bereitet die Einsicht vor, eine eigene Position in der Welt aufbauen und diese aktiv verantworten zu lernen.

Durch die Triade werden Anregungspotenziale angeboten, die der auf Differenziertheit angelegten Wahrnehmung des Kindes entsprechen. Auch wenn die frühe Mutter-Kind Beziehung der stärkste Faktor in der frühen Triade ist, so stellt der, das oder die Dritte im Bunde eine wichtige Größe für Bindungs- und Ablösungsverhalten dar. Wenn die Kontextvariablen Mutter-Vater-Kind vorhanden sind, bietet sich für das Kind bereits in den ersten Lebensmonaten die Möglichkeit für die *Übernahme von Perspektivwechsel.* Diese Fähigkeit ist ausschlaggebend für die Entwicklung von Empathie, Selbstständigkeit, d.h. von Ich-Identität. Dies sind Basisqualifikationen für die Übernahme von Verantwortung und Pflichten.

Der Vater hat aber noch eine weitere wichtige Bedeutung in der Dreiecksbeziehung. Er stellt ein notwendiges Gegengewicht zur Mutter-Kind-Beziehung her. Damit die Mutter ihr Kind loslassen kann, braucht sie selbst auf der erwachsenen Ebene Zuwendung und Unterstützung. Gleichermaßen benötigt das Kind den Vater, damit es den Schritt von der Mutter weg, hin zu dem Anderen, „der Welt" wagen kann.

Somit ist entscheidend, ob für die kindliche Orientierung *Bezugssysteme* vorhanden sind, in denen sowohl Objekte der Hingabe als auch Differenzierungsmöglichkeiten existieren.

Im Laufe der Entwicklung verändert sich die Konstellation des Dreiecks. Das Kind erlebt in der Phase der Autonomie bewusst die Unterschiede der Geschlechter. Es entwickelt im Kontrast von männlichen und weiblichen Rollen eine eigene Identität als Mädchen und zukünftige Frau oder Junge und zukünftiger Mann. Außerdem sind die Eltern für das Kind ein Modell dafür, wie Mann und Frau in ihrer Partnerschaft miteinander leben können, sich lieben und Konflikte austragen. In der Pubertät, während der Ablösephase des Jugendlichen von seiner Familie, wird es wichtig, wie die Eltern ihre Zweisamkeit als Paar neu gestalten. Gelingt ihnen dies nicht, besteht die Gefahr, dass der Jugendliche Ablöseschwierigkeiten hat, da er möglicherweise Partnerersatzfunktionen zu übernehmen hat und sich deswegen schwer trennen kann.

Der Entwicklungsprozess eines Kindes hängt also eng mit dem Familiensystem und den Veränderungen der triadischen Konstellationen zusammen. Auch wenn sich die Familie inzwischen vergrößert hat und durch Geschwister eine vier- oder fünfköpfige Familie entstanden ist, bleibt aus der Sicht des Kindes das Zusammenspiel in der Dreieckskonstellation bedeutsam. Wichtig ist, dass es zum einen immer wieder intensive Zweierbeziehung gibt: Mutter-Kind, Vater-Kind, Mutter-Vater und diese durch die Dreiecksbeziehung nicht der Gefahr unterliegen, zu eng und zu symbiotisch zu werden. Eine Mutter, die immer überfürsorglicher wird, würde durch die aktive Präsenz des Vaters in ihrem Verhalten relativiert, ebenso wie ein Vater, der immer kontrollierender wird, an der Polarisierung gehindert würde.

Der Dritte (idealtypisch der Vater) in der Familiendynamik ist nötig, damit die Gefahr einer alles verschlingenden Zweierbeziehung (Mutter-Kind-Symbiose) im Hinblick auf Autonomie und Selbstständigkeit des Kindes gelockert wird. Und dort wo ein Partner überfordert ist, besteht die Möglichkeit, durch den anderen entlastet und ergänzt zu werden.

Im Hinblick auf die Geschlechtsrollenübernahme ist die Interaktion zwischen Vater und Sohn ebenso notwendig wie die zwischen Mutter und Tochter. Die männlichen und weiblichen Seiten können durch Rollenvorbilder aktiviert werden, die Solidarität zwischen den gleichgeschlechtlichen und die Abgrenzung von dem andersgeschlechtlichen Partner gehört mit zur Erfahrung der Rollenübernahme als Mann oder Frau. Ebenso gehört aber auch die Rivalität mit dem gleichgeschlechtlichen um den andersgeschlechtlichen Partner in der ödipalen Phase (4.–6. Lebensjahr) zu einer entwicklungstypischen Krise und Entwicklungsaufgabe. Es wird deutlich, wie sensibel diese Interaktionen der Triade Vater-Mutter-Kind sind und wie viele Krisenherde in den sich verändernden Beziehungen stecken.

Eins aber muss, gleichgültig in welchem Familienmodell ein Kind lebt, sichergestellt sein, nämlich dass es *Pflichten* gibt, die Eltern im Hinblick auf die Bedürfnisse ihres Kindes zu erfüllen haben. Ein Kind benötigt für seine gesunde Entwicklung Mutter *und* Vater. Fällt einer der beiden aus, sollten andere *dritte* Personen die gesunde Entwicklung des Kindes ermöglichen. Können diese Aufgaben von Verwandten oder Freunden übernommen werden, ist das nicht nur eine Entlastung für den allein erziehenden Elternteil, sondern eine Möglichkeit für das Kind, mit Ersatzpersonen Bindungen eingehen zu können.

Auch die Bedeutung der Großeltern im Familienverbund, sei es, dass sie als Ersatzeltern fungieren, weil die Eltern beide beruflich engagiert sind oder sei es, dass sie in ihren Rollen als Oma und Opa familienbegleitend tätig sind, soll in diesem Zusammenhang erwähnt werden. Eine gute Beziehung zwischen Enkeln und Großeltern könnte als Ergänzung und Kompensation erfahren werden. Auch der Freundeskreis der jungen Familie mit ähnlichen Lebens- und Erziehungskonzepten wie diese, bietet ein soziales Netzwerk, das in gegenseitiger Kinderbetreuung, gemeinsamen Ausflügen oder anderen wechselseitigen Unterstützungen gerade auch für die Kinder untereinander zu einem dritten Ort außerhalb des engeren Familiensystems werden kann.

Lebt das Kind nicht mit den biologischen Eltern oder nur mit einem Elternteil zusammen, dann muss ihm ermöglicht werden, seine leiblichen Eltern kennen zu lernen und, falls es das will, mit ihnen den Kontakt zu halten.

Fällt ein Elternteil aus, müsste eine dritte Person im Sinne einer erweiterten Elternschaft Aufgaben übernehmen, die die ausgefallene Bezugsperson nicht wahrnimmt. Auch Institutionen (Kindergarten, Schule) sollten diese Aufgaben der „Dritten im Bunde" verstärkt im Sinne von Erziehungsfunktionen übernehmen, da dies durch die veränderte Familiensituation immer häufiger notwendig sein wird.

5.2.2 Familienbilder zwischen Wunsch und Wirklichkeit

Vater-Mutter-Kind(er)-Idylle, Geborgenheit, Privatheit, idealtypischerweise ein Berufstätiger (meist der Vater), der für den Gelderwerb sorgt und eine Person, die zu Hause bleibt, solange die Kinder klein sind, (meist die Mutter), gegebenenfalls noch mit einem Teilzeitjob – dies sind Idealbilder von der heilen Familie heute, die in Reklamespots, wie z.B. der Rama-Werbefamilie immer wieder vorgeführt werden. Aber entsprechen diese Bilder den heutigen *Familienrealitäten*?

Statistische Zahlen belegen, dass die *Vater-Mutter-Kind-Familie* der gesellschaftlichen Wirklichkeit immer weniger entspricht.

Inzwischen lebt jede vierte Familie ohne Vater. Es gibt 1,7 Millionen Trennungs- und Scheidungskinder. Jedes Jahr kommen rund 150 000 hinzu, viele im Vorschulalter. Rund ein Drittel aller Kinder ist zum Zeitpunkt der Trennung jünger als drei Jahre.[11]

---

[11] Matussk, M.: Der entsorgte Vater, in: Der Spiegel, 47/1997

Jede dritte Ehe wird geschieden, es gibt mehr Singlehaushalte und Ein-Kind-Familien als je zuvor. So wachsen 12% der westdeutschen und 20% der ostdeutschen Minderjährigen bei ihren allein stehenden Müttern oder (seltener) Vätern auf. 7% aller Minderjährigen sind Waisenkinder, fast 20% der Kinder wachsen ohne Geschwister auf.[12]

Längst nicht mehr alle Kinder können heute sicher sein, dass ihre Eltern zusammenbleiben, oder dass der Familienstatus zum Zeitpunkt der Geburt auch der sein wird, den sie als 5, 10 oder 15-jährige erleben.

Auch wenn es in unserer Gesellschaft immer mehr alternative Familienmodelle gibt, sind *traditionelle Familienentwürfe* nach wie vor bei fast allen Menschen Wunsch- und Sehnsuchtsbilder. Von einer breiten Mehrheit werden Ehe und Familie hoch eingeschätzt und als Grundwerte des Lebens genannt. Gleichzeitig, so beobachten Familien- und Eheberater, Lehrerinnen und Sozialpädagoginnen, seien Familien immer weniger in der Lage, ihre Erziehungs-, Beziehungs- und Sozialisationsaufgaben zu erfüllen. Die zunehmende Gewaltbereitschaft, Kommunikations- und Beziehungsprobleme, Drogenmissbrauch, der überhöhte Medienkonsum und physische und psychische Ungeborgenheit im familiären Leben scheinen darauf hinzuweisen, dass das System Familie immer mehr zu einem „Gefühlsdrucktopf ohne Sicherheitsventil" wird.

Familientherapeuten, wie Horst Eberhard Richter u.a. haben in ihren Untersuchungen auf die vielfältigen Formen von krankmachenden Beziehungen in Familien hingewiesen. Es sind nicht immer Gewalt, sexueller oder anderer Machtmissbrauch, die das Leben in Familien für manche Menschen unerträglich machten. Viel unspektakulärer, aber nicht weniger dramatisch und belastend für viele Kinder sind intrapsychische Konflikte der Erwachsenen oder Konflikte zwischen ihnen, die ganz subtil auf ein schwaches Familienmitglied übertragen werden. Hierzu zählen z.B. die Einschränkungen der Wahlmöglichkeiten und Handlungsalternativen, fehlende Empathie, verschlüsselte Kommunikation, Verweigerung der Unab-

---

[12] Karl Schwarz stellte in der Zeitschrift für Bevölkerungswissenschaft (3/95) die Frage: „In welchen Familien wachsen Kinder und Jugendliche in Deutschland auf?" und kam zu dem zitierten Zahlenmaterial.

hängigkeit, Unfähigkeit der Loslösung und hohe gegenseitige Kontrolle. Familien, die einen Sündenbock als Entlastung brauchen um ihr Gleichgewicht zu halten oder symbiotische Familien, die durch ihre stark ausgeprägte Familienidentität einzelnen Familienmitgliedern wenig Freiraum ermöglichen und dadurch die persönliche Individualität und Eigenständigkeit zerstören, sind nur zwei Beispiele einer langen Palette von Interaktionen, die entwicklungshemmend sind.

5.2.3 Veränderte Familienstrukturen

Im Hinblick auf veränderte Familien- und Sozialstrukturen wird häufig von der *Krise der Familie* gesprochen.

Aus dem Blickwinkel der erweiterten Beziehungsformen betrachtet könnten mit den veränderten Familienstukturen jedoch auch Entlastungsfunktionen und neue Chancen für gemeinschaftliches Leben verbunden sein. Der Soziologe Ulrich Beck formuliert es so:

„Scheidung vervielfältigt Verwandtschaftsbeziehungen – deine, meine, unsere Kinder – und kann daher auch die (unter Schmerzen geborene) nachfamiliale Großfamilie und neue Solidarität begründen."[13]

Gerade auch in alternativen Familienformen mit Wahlverwandtschaften und engem Freundeskreis können wichtige neue Beziehungen gelebt werden, die die Bindungs- und Autonomieentwicklung des Kindes unterstützen helfen.

Bilder *alternativer Familienformen* gibt es viele: Getrennt lebende Partner mit Kindern, nicht verheiratete Elternpaare mit deren jeweiligen eigenen oder gemeinsamen Kindern, Patchwork-oder Stieffamilien, Wohngemeinschaften, allein erziehende Frauen und Männer, Pflegefamilien. Legt man die bestehenden rechtlichen Kriterien des Generationsprinzips oder Sorgerechtsprinzips zu Grunde, so stellen nicht alle oben genannten Lebensformen *eine Familie* dar. In der Ausgestaltung der familienrechtlichen Beziehungen zwischen ehelichen und nicht ehelichen Kindern, sowie de-

---

[13] Beck, U., in: Die Zeit, 23. 8. 96, S. 10

ren sorgerechtliche Regelungen bestehen nach wie vor Unterschiede, die darauf hinweisen, dass die volle Anerkennung alternativer Familienkonstruktionen noch nicht existiert.

Legt man allerdings andere Kriterien, wie Dauerhaftigkeit, Intimität, Abgrenzung nach außen und Privatheit zu Grunde, haben wir es heute mit vielen verschiedenen Familien- und Lebensformen zu tun, denen sicher allen eins gemeinsam ist: der tiefe Wunsch und die *Sehnsucht nach Geborgenheit, Beheimatetsein, nach Achtung der Würde aller Familienmitglieder, nach Autonomie und individueller Persönlichkeitsentfaltung.* Durch veränderte Alltags- und Familienerfahrungen tritt neben das Bild der traditionellen Familie in unserer Gesellschaft eine bunte Vielfalt familienähnlicher Konzeptionen.

Wie Kinder, die in unterschiedlichen Familienformen leben, diese erfahren, welche inneren und äußeren Bilder sie mit Familie verbinden, soll im Folgenden an drei exemplarischen Beispielen vorgestellt werden.

5.2.4 Wie Vorschulkinder ihre Familien sehen – drei exemplarische Beispiele

Im Sommersemester 1996 haben 25 Studierende der Fachhochschule für Sozialpädagogik für eine Woche ihre Seminarräume verlassen und in Kindergärten der Kölner Stadtteile eine Studie durchgeführt. Unser Erkenntnisinteresse war es, wahrzunehmen und zu verstehen, welche inneren und äußeren Bilder die Vorschulkinder mit Familie verbinden. Wir wollten mit den 4–6-Jährigen über deren Vorstellungen und Wünsche zur Familie malen, spielen, basteln und erzählen. Das innere Familienbild (Wunsch- und Sehnsuchtsbild) sollte in einem zweiten Schritt mit dem äußeren verglichen werden.

Hierzu wurden drei Zugangsweisen gewählt:

a) Über die *äußere Familien- und Lebenssituation* erfuhren wir aus den Personalakten, von den Erzieherinnen und den Eltern der Kinder, die anlässlich eines Elternabends über unsere Aktion und unser Erkenntnisinteresse informiert und um Zustimmung gebeten wurden. Die meisten der anwesenden Eltern und Erzieherinnen waren sehr interessiert und baten um anschließende Gespräche über unsere Ergebnisse, die sowohl im Rahmen eines weiteren Elternabends als auch in informellen Einzelgesprächen nach der Auswertung stattfanden. Zum äußeren Familienbild gehörten Daten wie: Anzahl der im Haushalt lebenden Personen, Verwandtschaftsverhältnisse, Lebenssituation der Eltern (getrennt, geschieden, verheiratet, alleinlebend) außerhalb lebende Geschwister, Berufstätigkeit der Eltern, Größe der Wohnung, Anzahl der Zimmer, etc.

b) Eltern, die auf dem ersten Elternabend anwesend waren, wurden um ihre Einwilligung zur Befragung gebeten und deren Kinder eingeladen, in einer Kleingruppe mit zwei Studentinnen eine Woche lang zum Thema Familie zu spielen, basteln und zu erzählen. So entstanden Kleingruppen von 4–7 Kindern, die an fünf Tagen jeweils 1–2 Stunden ein besonderes Programm hatten. Die Kinder wurden angeregt, ihrem *inneren Familienbild* nachzuspüren. Es wurden „Traumhäuser" aus wertlosem Material gebastelt oder gemalt, und die Kinder wurden gebeten zu erzählen, wie und mit wem sie in diesen Häusern leben wollten.

c) Die „Traumhäuser" und die Erzählungen der Kinder wurden mit den Daten zur äußeren Familie verglichen.

Von insgesamt 80 Kinderzeichnungen und gebastelten Traumhäusern deckten sich bei 58 Kindern inneres und äußeres Familienbild, d.h. es wurden die Personen in das Wunschhaus gemalt oder gesetzt, die auch in der äußeren Familie zusammenleben. In 8 Fällen wurden noch Haustiere (5 Hunde, zwei Katzen, ein Hase) dazugezeichnet, die in der äußeren Familie nicht dazugehören. 15 Kinder haben Personen, die nicht in ihrer Familie leben, hinzugenommen, bei 7 Kindern handelte es sich um den getrennt von der Familie lebenden Vater, 4 Kinder haben ein Großelternteil hinzugezeichnet, zwei Kinder nahmen mehrere erwachsene und kleine Freunde ins Bild auf, zwei Kinder, die in einer Pflegefamilie leben, zeichneten ihre Herkunftsmutter, bzw. ihre Herkunftsfamilie (Eltern, Geschwister) mit in das Haus.

Bei sieben Kindern tauchten Familienmitglieder, die im gemeinsamen Haushalt leben, nicht auf dem Bild auf.

124

- Wie die Vorschulkinder Sonja, Miriam und Tom sich in ihrer Familie sehen.

Ich möchte Sie einladen, anhand der drei folgenden Kinderzeichnungen, den Wunsch- und Leitbildern und den unterschiedlichen Familienkonstellationen der Kinder nachzuspüren:

5.2.4.1 Sonja: Ich habe eine „kleine Familie" und eine „große Familie"!

• • • Frau Z. lebt mit ihrer nicht ehelichen Tochter Sonja (6 Jahre alt) alleine in einer Zweizimmerwohnung (äußere Familie), ihr augenblicklicher Partner, der Student Herr H., kommt regelmäßig in den Haushalt von Mutter und Tochter und lebt abwechselnd dort und in seiner Wohngemeinschaft zwei Straßen weiter. Mit Sonjas Vater, dem Referendar Herrn M., teilt sich Sonjas Mutter die Erziehungsaufgabe. Sie sind schon lange kein Liebespaar mehr, aber ein gut kooperierendes Elternpaar, das z.B. Entscheidungen gemeinsam trifft, die Feiertage, wie Weihnachten, Geburtstage, Ostern zusammen mit Sonja verbringt und darüber hinaus auch schon einmal im größeren Freundeskreis die Ferien zusammen gestaltet.

An regelmäßig vereinbarten Wochenenden und an manchen Tagen in der Woche wartet Sonja mit ihrem kleinen gepackten Rucksack darauf, dass ihr Vater sie abholt und mit nach Bonn nimmt, wo er zusammen mit seiner neuen Lebenspartnerin und deren Tochter wohnt. Hier findet Sonja eine Spielgefährtin in ihrem Alter vor, mit der sie das Kinderzimmer teilt. Sie hat dort ein eigenes Bett, ihren Schrank, ihre Spielsachen und außerdem wartet auf sie eine erwachsene Freundin, die nicht ihre Mutter ist, aber die neue Partnerin ihres Vater. Sonja wird im Juli sechs Jahre alt und zurzeit überlegen vier erwachsene und zwei kleine Personen, wo Sonja zur Schule gehen und dann für die nächsten Jahre ihren Hauptwohnsitz haben soll. In Köln, bei der Mutter und deren Freund oder in Bonn bei dem Vater und dessen Freundin und ihrer Tochter, die bereits im ersten Schuljahr ist. Noch ist offen, wie die Entscheidung ausfallen wird.

Sonja lebt in einem Lebensumfeld, in dem viele ihrer Freundinnen aus dem Kindergarten einer Elterninitiative oder ihre kleinen Kusinen ähnlich leben. Vater-Mutter-Kind-Haushalte kennt sie kaum und vor diesem Hintergrund ist es für sie ganz normal, so zu leben. Für Sonja gibt es eine „kleine Familie": Mama und ich und Papa und eine „große Familie": Mama und ich und Papa, Monika, Dörte (Lebensgefährtin des Vaters und Kind), Hartmut (Lebensgefährte der Mutter) und Eric, Bernhard, Susanne, (Mitglieder der Wohngemeinschaft von Hartmut), Oma und Opa und Mietze und Asta natürlich (die Haustiere bei Oma und Opa).

Sonja hat ein Bild gemalt, auf dem sie sich mit der Mutter in der Mitte des Bildes darstellt, was der äußeren Familie entspricht. Eingerahmt durch die langen Haare der Mutter stellen beide eine Mutter-Kind-Einheit dar. Um sich herum hat sie alle anderen Personen gezeichnet, mit denen sie gerne zusammenleben würde und die Woche über sowieso an unterschiedlichen Orten auch zusammen ist. Sie wählte die Lösung einer „kleinen Familie", zu der der Papa dazugehört, der von ihr an der „Beziehungsleine" festgehalten wird. Er ist auf der Zeichnung außerhalb der Mutter-Kind-Einheit die Person, die am nächsten an sie heranreicht. Der Vater lebt nicht im gemeinsamen Haushalt, wird aber trotzdem von Sonja zur kleinen und zur großen Familie hinzugezählt. Allen anderen Personen, die ihr nahe sind, zeichnet sie um die „kleine Familie" herum. Sie hat mit dieser Konstellation anscheinend keine Schwierigkeiten, dokumentiert deutlich, wohin sie gehört und stellt dar, welche Bezugssysteme außerdem in ihrem Leben einen wichtigen Platz haben. •

Ein Kind, das voller Lebendigkeit, Lebensfreude und Fantasie sein Leben mitgestalten kann und in seinem Sosein akzeptiert wird, sich geliebt und verstanden weiß, darüber hinaus über ein klares inneres Mutter- und Vaterbild verfügt, kann stark werden. Aber weder das äußerlich Geordnete noch das scheinbare (Familien)-Chaos bieten eine Garantie fürs Starkwerden.

5.2.4.2 Miriam: Wir sind doch schon genug!

• • • Miriam, fünf Jahre alt, malt ihr Familienbild und erzählt dazu: „Ich bin schon groß, auf dem Bild bin ich eine Prinzessin, und Mama und Papa sind bei mir. Bald bekomme ich einen Bruder, vielleicht auch eine Schwester. Dann sind wir vier, und ich möchte, dass das Baby in meinem Zimmer schläft!" Auf die Frage, ob das alle Personen sind, die zur Familie gehören, antwortet Miriam fast entrüstet: „Wer soll denn noch dazugehören, wir sind doch schon genug!" •

Inneres und äußeres Familienbild decken sich und es wird bereits die Veränderung der Familie durch ein Geschwisterchen antizipiert. Durch ihre Äußerung: „Wir sind doch schon genug!" stellt sie die Abgrenzung nach außen dar. Im Moment reichen ihr diese Personen, innerlich ist sie damit beschäftigt, sich auf das neue Familienmitglied einzustellen und vorzubereiten. An ihrer Reaktion wird deutlich, dass zur Zeit kein emotionaler Platz für andere Menschen im Familiensystem ist. Ihre eigene Sicherheit innerhalb des Familienverbandes stellt sie durch ihre Prinzessinnenrolle dar, neben sich den Vater, der von ihr und der Mutter eingerahmt wird.

5.2.4.3 Tom: Hier gibt es nur Mama und mich!

• • • Tom, vier Jahre, malt sich und seine Mutter. Als er bei den anderen Kindern mehrere Personen auf deren Zeichnungen sieht, sagt er, die anderen habe er vergessen, und jetzt habe er auch keine Lust mehr, sie noch dazuzumalen. Tom lebt mit seinen Eltern und seinem Bruder zusammen, im Haus wohnt noch die kranke Großmutter, die von Toms Mutter gepflegt wird. Die Erzieherin erzählt, dass Tom zum Zeitpunkt der Geburt seines Brüderchens vor einem halben Jahr in den Kindergarten kam und sich nur schwer von seiner Mutter trennen konnte. Zu Hause spielt er seit der Geburt des Bruders wieder das Baby und ignoriert den Säugling. Sein inneres Familienideal heißt im Moment: „Mama und ich gehören zusammen!" Die anderen Personen der Familie werden darum einfach „vergessen", sie stören nur das innige Verhältnis zur Mutter, das er als Sehnsuchtsbild auf seiner Zeichnung darstellt. Die Familienrealität, (die kranke Oma und der kleine Bruder nehmen die Mutter sehr in Anspruch, der Vater ist die Woche über beruflich stark engagiert), stellt für ihn im Moment eine

Belastungssituation dar. Die Verbindung mit dem Vater, die ein anderes Kind in ähnlicher Situation für sich als Lösung gefunden hat, scheint ihm real und auch innerlich nicht möglich. Von daher wählt er in seiner Zeichnung die Zweisamkeit mit der Mutter als Gegenbild zu der zur Zeit existierenden Familienrealität. Ein Wunschbild, das momentan mit der äußeren Realität nicht übereinstimmt. Im Gespräch mit der Studentin bestätigte Toms Mutter die Situation. Sie beklagte sich, dass Tom an manchen Tagen nicht von ihrer Seite wiche und sie ständig „nerve". Er sei doch schließlich schon groß und brauche sie nicht von morgens bis abends, darum schicke sie ihn meist weg, damit die anderen Dinge erledigt werden könnten. Während der Reflexion über Toms Familienbild bemerkte sie: „Ich glaube auch, dass Tom in letzter Zeit zu kurz gekommen ist. Aber alleine kann ich auch nicht alles schaffen. Ich muss mit meinem Mann überlegen, ob er nicht mehr mit Tom unternehmen kann. Vielleicht bekomme ich auch eine Hilfe für meine kranke Mutter. Aber wie soll ich die bezahlen?" Sollte es der Familie gelingen, dass Toms Vater wieder mehr in die emotionalen Familienaufgaben eingebunden wird oder durch eine Hilfe die Mutter eine größere Entlastung erführe, könnten Toms Beziehungswünsche vielleicht stärker berücksichtigt werden. Dieser würde sich durch veränderte Beziehungsstrukturen in seiner Familie anders erleben und darstellen können. •

Auch wenn die Familienrealität über einen längeren Zeitraum konstant ist, d.h. sich äußere Daten nicht verändern, sagt dies noch nichts über Zugehörigkeitsgefühle, Wünsche und Sehnsüchte aus, wie sie in solch einer Erhebung als *Momentaufnahme* dargestellt werden können.

5.3 Auf der Suche nach dritten Beziehungsorten

- Wie aber bewerten wir, die wir beruflich mit Kindern zu tun haben, diese verschiedenen Familienformen und inneren Bilder?
- Messen wir sie an der traditionellen Familie und bedauern Sonja, die nicht in einer Vater-Mutter-Kind-Beziehung lebt?

- Lassen wir uns von unseren eigenen Wunschbildern leiten, die der äußeren Familienordnung größere Bedeutung beimessen als den inneren individuellen Zugehörigkeitsgefühlen?
- Atmen wir erleichtert auf und sind froh, dass es noch genügend traditionelle Familien gibt, in denen Kinder, so wie wir glauben, beheimatet und geborgen sein können?
- Würden wir dem kleinen Tom raten, doch noch die anderen Personen hinzuzumalen, auch wenn sie für ihn im Moment innerlich nicht dazugehören?

Im Umgang mit kindlichen Familienbildern scheint es wichtig zu sein, das eigene Ideal- und Wunschbild, von dem wir Bewertungen und Abwertungen herleiten, genauer kennen zu lernen.

- Welche Handlungsspielräume haben wir selbst für unsere eigenen Bilder und damit auch für die Akzeptanz anderer?
- Kann die Erkenntnis der Gegensätze von Ideal und Wirklichkeit zu einer für uns entwicklungsfördernden Synthese werden?

Ich denke, diese Fragen müssen geklärt werden, damit wir die Vielfalt der inneren und äußeren Familienbilder würdigen, und Kindern dazu verhelfen können, ihre Wünsche und Sehnsüchte darzustellen, sie zu äußern und darüber hinaus zu lernen, selbstbewusst in ihren jeweiligen Familienformen zu leben. Auch dann, wenn alle anderen um sie herum ganz anders leben. Die Familie lebt!

Leider sind nicht alle Kinder so lebendig und stark wie Sonja, und das hat in erster Linie mit uns Erwachsenen zu tun. Denn eins ist sicher, wer Kinder stark machen will, muss die Eltern stärken. Wer die verschiedenen inneren und äußeren Familienbilder von Kindern ernst nehmen will, muss in unserer Gesellschaft dafür sorgen, dass für die vielfältigen Möglichkeiten des familiären Zusammenlebens äußere materielle und rechtliche Absicherungen getroffen werden. Das wären deutliche Zeichen dafür, dass das bunte Bild des Familienlebens in Deutschland auch gesellschaftliche Unterstützung fände. Darüber hinaus müssen Erwachsene lernen, ihre eigenen Sehnsuchtsbilder zu akzeptieren und sie mit den realen Lebensformen zu verbinden. Dann nämlich spielen nicht nur die biologischen Eltern und

Geschwister eine Rolle, sondern andere Bezugssysteme und neue Formen im Sinne von Wahlverwandtschaften könnten das traditionelle Familienmuster erweitern und bereichern helfen. So könnten eine Wahloma oder ein Wahlopa für sich neue sinnvolle Aufgaben in einer Wahlfamilie entdecken und diese entlasten, das Weihnachtsfest mit Freunden und Nachbarn gefeiert könnte neue Impulse der Fest- und Feiergestaltung geben, die gemeinsamen Ferien mit befreundeten Paaren, Kindern und Singles böten auch für die traditionelle Kleinfamilie eine Öffnung nach außen.

Die rechtliche und gesellschaftliche Akzeptanz für die verschiedenen individuellen Lebensentwürfe bahnt sich allerdings nur ganz langsam einen Weg. So wird z.B. immer noch abwertend von „unvollständigen Familien" gesprochen, wenn Alleinerziehende mit ihren Kindern zusammenleben. Sonja selbst hat im Beispiel 1 ihr Familienleben keineswegs als „unvollständig" erlebt und dargestellt. Maßstab für die Bewertung von Familienharmonie ist häufig das äußere, sichtbare, geordnete Zweigenerationen-Familienmodell. Wie die inneren Beziehungsformen zwischen Mutter-Vater-Kind(ern) tatsächlich beschaffen sind, kann von außen her nicht beurteilt werden. In einer „vaterlosen Gesellschaft" werden viele Zweigenerationenfamilien emotional schon darum als „unvollständig" empfunden, weil der zwar im Haushalt lebende Vater seine väterlichen Aufgaben wegen beruflicher oder anderer Abwesenheit nur mangelhaft wahrnehmen kann oder will (siehe Beispiel 3). Die äußere Familiensicherheit schützt nicht per se vor emotionaler Ungeborgenheit und das Leben in einer Wohngemeinschaft oder mit einem allein erziehenden Elternteil bedeutet nicht von vornherein unüberwindbare emotionale Konflikte. Ob ein Familiensystem den existenziellen Bedürfnisssen von Kindern nach Persönlichkeitsentfaltung und nach emotionaler Geborgenheit Raum bietet, hängt, so meine These, nicht in erster Linie davon ab, ob ein Kind in einer idealtypisch geordneten Rama-Werbefamilie lebt, sondern davon, wie die beteiligten Menschen dafür Sorge tragen, dass möglichst viele unterschiedliche Grundbedürfnisse, insbesondere der Kinder, befriedigt werden.

Dazu gehört auch, dass Kinder bei der Trennung ihrer Eltern nicht zum Opfer im Kampf um das Sorgerecht und das Geld werden, wie es leider häufig geschieht. Machtkämpfe der Eltern werden auf dem Rücken der Kinder ausgetragen.

Wenn sich Ex-Ehepartner durch Schuldzuweisung, Wut und Trauer an dem Anderen rächen und ihn mit dem Entzug der Kinder bestrafen wollen, bestrafen sie vor allen Dingen ihre Kinder. Die Sehnsucht der Kinder nach Vater *und* Mutter muss ernst genommen werden.

Nach dem neuen Kindschaftsrecht, das ab 1. Juli 1998 gilt, haben Kinder das Recht mit dem nicht sorgeberechtigten Elternteil Umgang zu pflegen. Wenn sie die Möglichkeit haben, mit beiden Elternteilen Beziehungen einzugehen, werden sie eher mit der Trauer und dem Schmerz über die verlorene Familie und den abwesenden Elternteil fertig. So wie Sonja können sie ein inneres Bild ihrer Familie entwickeln, zu dem Vater und Mutter gehören und auch die neuen Bezugspersonen einen Ort erhalten, auch dann, wenn äußerlich betrachtet ein Elternteil nicht mehr zum Familiensystem dazugehört.

Da starke, lebendige Kinder aber starke, lebendige Eltern und Erwachsene brauchen, die ihnen Vorbild und Begleiter sind, muss ein Familiensystem auch Räume für Erwachsenenbedürfnisse bieten. Glückliche, zufriedene Erwachsene brauchen, ebenso wie ihre Kinder, Lebensperspektiven, die sie in sinnvoller Arbeit und Freizeit, Sicherungsmodellen und gesellschaftlich flexiblen Strukturen finden. Der Verlust des Arbeitsplatzes und der Abbau der sozialen Leistungen aber schaffen für viele betroffene Erwachsene psychosoziale Probleme und Notlagen, die das Leben, in welchen Familienformen auch immer, erschweren.

So bedeuten Trennung und Scheidung oft auch ein höheres Armutsrisiko, da die soziale Sicherheit von Müttern und ihren Kindern auch heute noch sehr häufig an die Erwerbstätigkeit des Mannes gebunden ist. So musste 1995 jede vierte Alleinerziehende mit Kindern mit weniger als 1 000 DM auskommen. Der Abbau der sozialen Leistungen schafft mehr Sozialhilfebedürftige und ist familien- und kinderfeindlich, da durch eine längere Armutssituation die emotionale Belastung innerhalb der Familie zunimmt, und darüber hinaus Kinder im Hinblick auf ihre gesellschaftlichen Chancen benachteiligt werden. Der fehlende Familienleistungsausgleich führt viele Familien an die Armutsgrenze. Eltern die von materieller Unsicherheit, Arbeitslosigkeit, Wohnungsnot bedroht sind, können sich weniger um die Befriedigung der vielfältigen Bedürfnisse ihrer Kinder kümmern. Sie müssen sich in erster Linie um die elementaren Lebensbedingungen sorgen. Beziehungsstress durch zu kleinen Wohnraum, Isolation und hohe materielle Einbußen als Alleinerziehende, mangelnde Entfaltungsmöglichkeiten für Väter und Mütter durch ein knappes Angebot an flexiblen Kinderbetreuungsinstitutionen belasten Eltern und erschweren positive Beziehungen zu den Kindern.

Da die Art der Interaktion und Kommunikation, der Umgang miteinander und das Aushandeln der gegensätzlichen Ansprüche und Wünsche darüber bestimmen, ob im jeweiligen Familiensystem entwicklungsfördernde oder entwicklungshemmende Bedingungen entstehen, ist es unerlässlich, Familien in schwierigen Lebenssituationen Unterstützungen vielfältiger Art anzubieten, neben der materiellen Sicherung bedarf es familiengerechter Arbeitszeiten, finanzierbarer Wohn- und Lebensräume, flexibler Kinderbetreuungsinstitutionen und differenzierter Beratungsangebote in Fragen von Partnerschaft, Trennung, Scheidung, Erziehung und alternativer Lebensformen.

Kinder, die von Trennung, Scheidung oder sonstigen Veränderungen in ihren Familien betroffen sind, müssen die Veränderungen und den Verlust verarbeiten dürfen. Wichtig ist es, dass Räume und vertraute Menschen zur Verfügung stehen, bei denen sie sich gerade im Umbruch sicher und geborgen fühlen, und die ihnen ein Stück Kontinuitätserfahrung erhalten. Gerade auch in den nach außen abgeschlossenen Familien sind dritte Bezugspersonen und Bezugsorte für Kinder besonders notwendig, da sie in eine größere Autonomie führen können.

Sind keine Personen aus dem erweiterten Kreis der Familie oder Wahlfamilie vorhanden, können spätestens ab dem Kindergartenalter die Mitarbeiterinnen der Institutionen solche wesentlichen ergänzenden Entwicklungsaufgaben mit übernehmen.

Dazu bedarf es allerdings einer personellen Ausstattung in kleineren Kindergruppen als dies bisher der Fall ist. Die Veränderungen in den Familien bringen es mit sich, dass solche Überlegungen Realität werden müssen und Kindern die Möglichkeit gegeben wird, *dritte Bezugspersonen und dritte Bezugsorte* zu finden, die zu wichtigen Ergänzungen der Familiensituation werden können.

- Wer oder was aber könnte unter pädagogischen Gesichtspunkten der, das oder die ergänzende Dritte sein, wenn der Vater (oder der/die je andere Dritte) in seiner Erziehungsfunktion ausfällt und alternative Familienformen, wie in Sonjas Beispiel, nicht gelebt werden?
- Welche vielfältigen Formen von triadischen Strukturen existieren bereits und könnten stärker als bisher für Kinder genutzt werden?
- Welche Beziehungssysteme wären noch denkbar und lebbar, wenn eine größere gesellschaftliche Akzeptanz für neue Lebens- und Begegnungsformen vorhanden wäre und dafür Räume und soziale Unterstützungen zur Verfügung stünden?
- Wie und wo können gemeinsame Lebensräume von Erwachsenen und Kindern im Sinne eines „beiläufigen Lernens" (J.H. Pestalozzi) innerhalb und außerhalb von Familien entstehen oder stärker genutzt werden? Dabei spielt das Vorbild der Erwachsenen in allen Lebensbereichen eine wesentliche Rolle.
- Wie können außerfamiliale Begegnungsformen im Kontext Elternhaus-Kind stärker als bisher zu triadischen (oder multiplen) werden, um familiäre Defizite abzufedern?

Gerade auch für Kinder, die durch die Übernahme von großer Verantwortung in ihren Familien als emotionale Stützen gebraucht werden, können familienergänzende Maßnahmen für einen Ausgleich sorgen und den Kindern Anregungen vermitteln, die sie in ihrem normalen Lebensumfeld nicht bekommen. Institutionen könnten als *Dritte im Kontext Elternhaus-Kind* eine Bereicherung der emotionalen, intellektuellen und sozialen Situation des Kindes darstellen.

Ich denke zum Beispiel an die Aufgaben von

1. Kindergärten und Schulen,
2. Verwandten, Wahlverwandten, Freunden,
3. Nachbarschaft, Stadtteilarbeit.

4. Familienbildungsarbeit und sozialpädagogische Familienhilfe.

Nur wenn Eltern mit Erzieherinnen oder Lehrerinnen gemeinsame Ziele verfolgen, kann in den familienergänzenden Institutionen erfolgreiche Erziehung geleistet werden.

Im Zuge der Überlegungen zu triadischen Beziehungen wurde deutlich, dass Arbeit mit Kindern immer auch soziale Arbeit mit Familien bedeutet. Dafür müssen Ressourcen an Zeit, Geld, Räumen und Personal zur Verfügung stehen. Eine Erzieherin oder ein Lehrer können nicht bei einer Gruppen- oder Klassenstärke von 30 Kindern auch noch deren Eltern und Familien mit einbeziehen oder gar Stadtteilarbeit initiieren.

In visionären Konzeptionen sind Kindergärten und Schulen nicht nur für Kinder da, sondern aus Kinderzentren könnten Familienzentren werden, in denen sich unterschiedliche Lebenswelten verbinden und Kinder nicht nur von Erwachsenen, sondern Erwachsene auch von Kindern und Kinder voneinander lernen.

Vorwiegend entwicklungsungünstige Ausgangsbedingungen in einer Herkunftsfamilie können durch unterstützende Einflüsse im weiteren Lebensumfeld eines Kindes kompensierend wirken. So könnten z.B. eine kontinuierliche Beziehung zu einer Person außerhalb des engeren Familiensystems oder positive Beziehungs- und Selbstbilderfahrungen im Kindergarten, der Freizeit oder der Schule zu einer Erweiterung der Lebenskompetenzen, zu einer Veränderung des Selbstwertes oder zu einer Unterstützung der Eltern-Kind-Beziehung führen.

Eine Verbindung der Lebenswelten, Koaktion, gemeinsame Umgangserfahrungen und gegenseitige Teilhabe und Teilnahme könnte bedeuten, sich mit anderen in einer Gemeinschaft entwickeln zu können. Wenn wir daran festhalten, dass Kinder und Jugendliche vorwiegend in „ihren" Institutionen, in pädagogisch aufbereiteten Sonderwelten lernen, isolieren wir sie und verlangen ihnen weder Integrationsleistungen in der Erwachsenenwelt ab, noch ermöglichen wir Erwachsenen, mit Kindern gemeinsam die Welt zu gestalten.

6 Veränderte Lebenswelten erfordern flexible Persönlichkeitskompetenzen

Aus dem Vorhergehenden wurde deutlich, dass die Bewältigung alltäglicher Lebensaufgaben und die Herstellung von Balance sowohl für den Einzelnen, als auch für Systeme schwieriger geworden sind. Vertraute Rahmenbedingungen, wie Familie, Arbeitsplatz, Rolleneindeutigkeit haben sich verändert und mit ihnen fest umrissene Entwürfe. Religiöse, kulturelle oder politische Deutungsmuster haben ihre Autorität verloren und somit muss das Individuum seine Lebensentwürfe weitgehend selbst konstruieren. Die durch Herkunftsmilieus tradierten Lebensstile werden heute grundlegend in Frage gestellt. Wie ein Kind zu sein hat, ist heute im Gegensatz zur bürgerlichen Gesellschaft, wo es in erster Linie um Gehorsam und Pflichterfüllung ging, nicht mehr eindeutig festgelegt. Rollen-, Traditions- oder Berufssicherheiten waren wie ein Gerüst, das dem einzelnen Halt gab. Zwar war dieses Gerüst mit den Vorschriften der Lebensführung oft auch ein einengendes Korsett, dafür aber gab es Sicherheiten.

6.1 Individualisierung des Lebensweges

Die Vorgaben einer „Normalbiographie" oder einer „Normalfamilie" können nicht länger als Bezugspunkte dienen.

Ohne diese Stütz- und Leitlinien entwickelt sich die Lebensführung immer mehr zu einem *individualisierten Projekt*, bei dem die Möglichkeiten zu scheitern zunehmen.

Die Freiheit der Persönlichkeit kann durch täglich neu zu fällende Entscheidungen zur Überforderung und zur Abhängigkeit von Meinungsmachern und Konsumangeboten werden, es müssen notwendige Informationen eingeholt, Zusammenhänge erkannt, Wirkungen und Folgen eingeschätzt werden. Für viele bedeutet diese neue Art der Freisetzung ein Verlust von Lebenszusammenhängen. Ihnen fehlt die sichere Orientierung. *Freiheit ist riskant* geworden, so das Soziologenpaar Elisabeth Beck-Gernsheim und Ulrich Beck.[1]

Auf Grund der vielen Wahlmöglichkeiten, sowohl in den kleinen Dingen des Alltags, als auch in den großen Lebensentscheidungen, besteht das Dilemma darin, sich für etwas und gleichzeitig gegen vieles andere entscheiden zu müssen.

Solche Entscheidungen kosten nicht nur psychische Energie, sie sind auch zeitaufwendig und bedürfen der Absprache und des Aushandelns mit anderen.

Je überforderter sich Einzelne mit ihren Entscheidungen fühlen, desto größer kann die Sehnsucht nach einfachen, schnellen Antworten und starken Persönlichkeiten werden.

Mit der Individualisierung des Lebensweges und der Lebensformen wird Identität zu einer Leistung, die der Einzelne im dialogischen Prozess mit anderen aktiv herstellen muss.

Der Psychologe Heiner Keupp spricht von einer *„Patchwork-Identität"*[2]. Er legt dar, wie sich durch veränderte gesellschaftliche Bedingungen, die mit den Begriffen „Risikogesellschaft" oder „Enttraditionalisierung" beschrieben werden, der moderne Mensch zunehmend als „Produzent individueller Lebenscollagen" gesehen wird, der sich aus den „vorhandenen Lebensstilen und Sinnelementen" (Keupp, H.) im dialogischen Prozess seine eigene Biografie zusammensetzen muss. Eine Voraussehbarkeit und Planung z.B. im Hinblick auf Schullaufbahn und Berufskarriere eines Kindes wird immer weniger möglich, da zum Zeitpunkt des Schuleintritts oder der Studienwahl nicht absehbar ist, ob z.B. genügend Arbeitsstellen in dem angestrebten Beruf bei Ausbildungsende zur Verfügung stehen werden.

Fähigkeiten, wie Flexibilität und Mobilität, der Aufbau von sozialen Beziehungen, Konfliktfähigkeit, Kreativität und Selbstorganisation sind in einem weitaus größeren Maße erforderlich, wenn es darum geht, seinen

---

[1] vgl. Beck,U./Beck-Gernsheim, E. (Hrsg.): Riskante Freiheiten, 1994
[2] Keupp, H.: Diskursarena Identität: Lernprozesse in der Identitätsforschung, in: Keupp, H./Höfer, R.: Identitätsarbeit heute, 1997, S. 11

individuellen Lebensweg zu finden. Eindeutige, normative Lebensplanvorgaben hierzu, die mit der Auswahl eines bestimmten Kindergartens beginnen, das mit einem konkreten Vorschulprogramm die Schulkarriere in einer bestimmten Schule vorbereiten soll und mit dem Abschluss eines Studiums in dem angestrebten Beruf mündet, der dann bis zur Pensionierung ausgeübt wird, gibt es nur noch selten.

Die wenigsten Menschen können davon ausgehen, ihren einmal gelernten Beruf vierzig Jahre in der gleichen Firma ausüben zu können. Durch die rapide Weiterentwicklung von Wissenschaft und Technik, die lebenslanges (nicht nur berufliches) Lernen und Weiterbildung zur Folge haben, durch Arbeitslosigkeit, durch Wohnortwechsel, der durch Arbeitsplatzveränderung bedingt sein kann, durch instabile Partnerschaftsbeziehungen oder Familienauflösungen können wir immer schneller in neue Lebenssituationen geraten, denen wir uns in irgendeiner Weise zu stellen haben. Da das Leben immer weniger in vorgezeichneten Bahnen verläuft, werden wir häufiger mit diesen Ambivalenzen von Entscheidungszwang und Entscheidungsfreiheit umgehen müssen.

6.2 Lebenskompetenzen unterstützen

Dafür müssen wir neue psychosoziale Bewältigungsmuster entwickeln, denn für „multiple Realitäten" ist eine „multiple Identität"[3] erforderlich, d.h. unterschiedliche Anteile einer Persönlichkeit müssen aktiviert werden. Dies kann zu einer erheblichen Belastung, aber auch zu neuen Herausforderungen einzelner Individuen oder Systeme führen.

Ob für ein Individuum eine Anforderung als Belastung oder als kreative Herausforderung erlebt wird, hängt von unterschiedlichen Faktoren ab, nicht zuletzt auch von dem Zusammenwirken seiner (kognitiven, sozialen und emotionalen) *persönlichen und gesellschaftlichen* Ressourcen.

---

[3] Rauschenbach, T.: Soziale Arbeit in der Risikogesellschaft, in: Beck, U., Beck-Gernsheim, E. (Hrsg.): Riskante Freiheiten, 1994, S. 89–106

Die Entwicklung, Unterstützung und Sicherung dieser Kompetenzen wird von daher immer wichtiger.

Die Weltgesundheitsorganisation hat den Begriff der „Life-skills", der „Lebenskompetenz" geprägt.

In Evaluationsforschungen wurde festgestellt, dass Menschen, die sich körperlich, seelisch und sozial wohl fühlen und die am wenigsten gefährdet sind, zu Suchtmitteln zu greifen, folgende Fähigkeiten entwickelt haben[4]: Kommunikations- und Konfliktfähigkeit, Umgang mit Gefühlen, kritisches Denken, Entscheidungs- und Handlungsfähigkeit, Selbstreflexion und Selbstbewusstsein, Widerstand gegenüber Gruppendruck, Umgang mit Stress und Ängsten, Frustrationstoleranz, Interesse, auf Unbekanntes zuzugehen und es zu erkunden, Motivation, etwas mit anderen sinnvoll auszuhandeln, gestalten und verändern zu wollen. Es wird deutlich, dass diese Fähigkeiten vorwiegend in sozialen Beziehungen und durch eigene Erfahrungen gelernt werden.

Einige dieser Kompetenzen besitzt der Mensch bereits von Geburt an, diese müssen weiterentwickelt werden und bedürfen der Unterstützung, andere müssen neu gelernt werden. Dies geschieht nicht in erster Linie durch Informationswissen, sondern in Erprobungsräumen, in denen Kinder und Jugendliche selbst zu Akteuren ihrer eigenen Lernprozesse und Erfahrungen werden. In realen Alltagssituationen können Kinder nicht nur ihr Entwicklungstempo selbst bestimmen, sondern sie können auch Schwerpunkte und Lernthemen entsprechend ihrer individuellen Lebenssituationen auswählen.

Hat ein Mensch sehr früh die Erfahrung gemacht, dass er Situationen nicht nur ausgeliefert ist, sondern Möglichkeiten hat, diese für sich zufrieden stellend zu verändern, dann lässt das eine Grundannahme in das Vertrauen der eigenen Bewältigungs- und Anpassungsleistungen zu. Demgegenüber lassen frühe Erfahrungen von Hilflosigkeit und Nichtsteuerung belastender Lebensereignisse eine eher resignierte Haltung des Ausgeliefertseins entstehen.

[4] vgl. WHO Rundschreiben. Life-skills, MNH/NLSL 95 1–3,8/94

Es wurde gezeigt, dass die neuere Säuglingsforschung vom sozialkompetenten Säugling ausgeht, der Fähigkeiten hat, verändernd auf seine Umwelt einzuwirken. Ob ein Kind erfolgreiche *Kontroll- und Kompetenzerfahrungen* sammelt, hängt somit weitgehend vom Interaktionsverhalten seiner Bezugspersonen ab. Wenn die Mutter die Signale des Kindes übersieht oder falsch interpretiert, kommt es zu Enttäuschungen und zu keinem gut ausbalancierten interaktiven Zusammenspiel. Je nach Temperament des Kindes reagiert es mit anfänglich erhöhtem Aktivitätsniveau, dann mit Rückzug oder Vermeidung.[5] Die Interaktionssequenzen verkürzen sich und die Zeiten, in denen sich das Kind aus den Wechselbeziehungen zurückzieht, werden größer. Gehen jedoch die Bezugspersonen angemessen auf die Aktionen des Kindes ein, so verlängert sich das Interaktionsgeschehen. In diesem Zusammenspiel erlebt das Kind, wie es mit seinen Fähigkeiten das Umfeld steuern kann.

- Wie entstehen Bilder von mir selbst und Gefühle von Kompetenz und Selbstwert?

Sie entwickeln sich in erster Linie durch soziale Definition, d.h. Kinder tun etwas, schauen Vater oder Mutter an: Wie bin ich Mama? Was spiegelt mir dein Gesicht, deine Körperhaltung, deine Mimik über mich wider? Diese Wahrnehmungen strukturieren sich zu einem Selbstgefühl.

- Welche Gefühle und Vorstellungen entwickle ich über mich? Wie habe ich mich durch das Zusammenspiel mit meiner Bezugsgruppe erleben können? Wie haben die anderen auf mich reagiert? Was spiegeln sie mir wider, wer ich sei?

- Fühle ich mich hilflos, den Strukturen, Menschen, Situationen ausgeliefert? Habe ich im Laufe meiner Entwicklung hauptsächlich Botschaften bekommen und die Erfahrung gemacht: „So wie ich bin, bin ich nicht in Ordnung und kann wenig bewirken"?

- Oder habe ich erfahren, dass es gut ist zu sein. Fühle ich mich kompetent, kann etwas bewirken, verändern und gestalten? Habe ich Kontrollüberzeugung entwickelt?

---

[5] vgl Oerter, R./Montada, L.: Entwicklungspsychologie, 1995, S. 10ff

In kompetenzfördernden Familien ist der Selbstwert aller Familienmitglieder hoch und die Kommunikation offen und direkt. Es gibt Regeln, die allen bekannt sind, aber diese sind flexibel und entsprechen den gegenwärtigen Bedürfnissen und Situationen. Der Kontakt nach außen zu anderen ist durchlässig und von einer positiven Grundhaltung bestimmt.

Durch Dauerbelastungen, krisenhafte Ereignisse und spezielle Lebenssituationen kann sich die Selbstwerteinschätzung verändern. Besonders dann, wenn sich die Möglichkeiten verringert haben, das *Leben mitzugestalten*. Wichtig ist hierbei auch, ob der Spielraum für alternative Gestaltungsmöglichkeiten erkannt und genutzt werden kann. Ein Mensch, der Erfahrungen mit seinen Fähigkeiten in vielfältiger Hinsicht gemacht hat, wird eher nach Einwirkungs- und Veränderungsmöglichkeiten oder Unterstützungen suchen, als jemand, der auf wenige dieser Ressourcen zurückgreifen kann.

Zu den *personalen Ressourcen* eines Menschen gehören auch seine kognitiven Verarbeitungfähigkeiten und seine physische Disposition. Aber nicht nur personale Ressourcen, wie Selbstwert, Steuerungs- und Kontrollüberzeugung, Intelligenz und Handlungskompetenz bestimmen den Verlauf eines Bewältigungsprozesses. Die Qualität des Umfeldes, und damit die sozialen Ressourcen, entscheiden, inwieweit es zu einer Überforderung oder zu Anpassungs- und Steuerungsmöglichkeiten in konkreten Lebenssituationen kommen kann.

Das erste wichtigste soziale Unterstützungssystem wird durch das Interaktions- und Pflegeverhalten der Bezugspersonen gegeben, das bei positivem Verlauf eine sichere Lebensbasis bietet.

Soziale Unterstützungfunktionen, sowohl zum *Aufbau* von Lebenskompetenz als auch zur *Intervention* in belastenden Lebenssituationen, sind:

- ein emotional förderndes Sozialklima mit Achtung, Verständnis, Akzeptanz, Wertschätzung und Sympathie, liebevolle Beziehungen,
- konkrete instrumentelle Unterstützung wie Information, finanzielle Hilfen, Beratung,
- die kontinuierliche Erfahrung von Zugehörigkeit innerhalb eines sozialen engeren Netzes (Familie und Freunde) und weiterer Netze (Schul-

klasse, Freizeitgruppe, Arbeitskollegen, aber auch nationale Zugehörigkeit).

Da sich Heranwachsende zunehmend an Freunden und Gleichaltrigen orientieren, werden diese Beziehungen im Laufe der Entwicklung immer wichtiger. Lebenswelten, wie die Gleichaltrigengruppe, Ausbildung und Freizeitgestaltung bekommen neben der Familie immer größere Bedeutung.

Diese Lebenswelten haben dann eine fördernde Funktion, wenn sie den Einzelnen in seinen bereits entwickelten Fähigkeiten unterstützen und durch neue soziale Aufgaben weitere Kompetenzen wecken. Hierbei bieten Vernetzungssysteme gute Voraussetzungen für eine förderliche Entwicklung.

7 Ja zum Recht des Kindes auf Achtung, aber: Haben Kinder auch Pflichten?[1]

7.1 Vom Nehmen und Geben

„Ein Mensch hatte einen Traum. Er wollte wissen, was der Unterschied zwischen Himmel und Hölle sei. Man führte ihn zunächst in einen Raum, den man ihm als Teil der Hölle vorstellte. Dort war an einem langen Tisch eine Gesellschaft zusammengekommen, die vor einer großen Schüssel voller Suppe saß.

Jeder der Gäste trug einen großen Löffel in der Hand, mit dem er Suppe aus dem Topf schöpfte. Keinem gelang es jedoch, den Löffel zum Mund zu führen. Sie machten die seltsamsten Verrenkungen, um die Suppe in den Mund zu bekommen, doch es war unmöglich, der Löffelstil war zu lang. ‚Sie werden wohl alle verhungern müssen‘, dachte der Träumer und ließ sich in den anderen Saal führen, den Himmelssaal, wie man ihm sagte. Dort saßen ähnliche Gestalten ebenfalls um einen langen Tisch, auf dem ein ebenso reichlich gefüllter Topf mit Suppe stand. Auch sie schöpften mit den gleichen, überlangen Kellen Suppe aus der Schüssel. Doch sie führten ihren Löffel nicht zum eigenen Mund, sondern fütterten sich gegenseitig, so dass am Ende alle satt wurden. Da erwachte der Mann aus seinem Traum und hatte fortan eine Vision davon, was er sich unter Himmel und Hölle vorzustellen hatte.“[2]

Himmel als eine Vision für gelungenes, erfülltes Leben, scheint entsprechend dieser Weisheitsgeschichte *im Ausgleich zwischen Nehmen und Geben zu liegen.*

Gefüttert zu werden und andere füttern zu können, geliebt zu werden und selbst zu lieben – das sind die tiefsten Sehnsüchte des menschlichen Seins.

---

[1] Titel einer Tagung des Ministeriums für Arbeit, Gesundheit und Soziales am 22. Mai 1997 in Düsseldorf
[2] Frank, H.: Wege aus der Gewalt, 1996, S. 150

Gesamtgesellschaftlich sind wir z.Zt. allerdings eher pessimistisch, was das Gleichgewicht von Nehmen und Geben, individuellen und gemeinschaftlichen Interessen betrifft, und wir bemängeln die Mentalität der Bürger unseres Sozialstaates, die wenig bereit sind zu Solidarität und Einsatz für das Gemeinwohl. Das alles, so können wir in einer gerade erschienenen Publikation nachlesen, habe mit der Weigerung zu tun, erwachsen zu werden. Robert Bly beschreibt in seinem Buch: „Die kindliche Gesellschaft" die Phänomene und ihre Auswirkungen, die mit dem Verlust der Verantwortung für uns und andere zusammenhängen. Infantilisierung des einzelnen, so seine Hypothese, prägt unsere Gesellschaft. Es hat in der letzten Zeit viele Versuche gegeben, das Wesen der postmodernen Gesellschaft zu benennen. Erlebnishunger und „Genuss sofort" kennzeichnen nach Gerhard Schulze unsere „Erlebnisgesellschaft", und Heiko Ernst, Chefredakteur der Zeitschrift „psychologie heute", geht davon aus, dass der einzelne Mensch wie nie zuvor auf sich selbst zurückgeworfen ist, da die traditionellen Bindungen wie Religion, Familie, Freundschaft und Nachbarschaft ihre orientierenden Kräfte verloren haben.

Erlebnisgesellschaft, Spaßkultur, Individualismus und Pluralismus – das sind Weltbilder wie die der Hölle: Jeder will für sich alleine so viel nehmen, wie er aus dem großen Erlebnistopf bekommen kann und wird letztendlich doch verhungern.

„Die gesellschaftliche Krise hat die Jugend erreicht", so lesen wir in einem Kommentar zur 12. Shell-Jugendstudie.[3]

Im täglichen Umgang mit Kindern teilt es sich mit, in welcher Haltung wir ihnen und der Welt begegnen. Eine Liebe zum Leben, im Sinne von „l'amour de vie" (Albert Camus), in und trotz aller Absurdität – eine solche Liebe wird sich in Respekt und Verantwortung den Mitmenschen und der Umwelt gegenüber äußern.

Dies ist ebenso ansteckend wie Missachtung, Ausbeutung und Verantwortungslosigkeit, die aus Gleichgültigkeit oder Lebenspessimismus entstehen.

---

[3] Wendland, J.: Shell-Jugendstudie. Abgeklärte Pessimisten, in: DS, Nr. 20, 1997

Nehmen und Geben in der kindlichen Entwicklung hängen eng zusammen mit der Qualität der Bedürfnisbefriedigung allgemein und speziell der Bindungs- und Autonomieerfahrung in den ersten Lebensjahren.

Das Gebenkönnen fängt mit dem Genommenhaben an.

In dem grundlegenden Bedürfnis des Menschen nach Einssein mit anderen sieht der Psychoanalytiker Erich Fromm die Tendenz des Menschen zum Sein. Das Einssein mit anderen als tiefstes menschliches Bestreben wird nach Fromm in der symbiotischen Mutter-Kind-Beziehung gelebt. Aber auch in einer Liebesbeziehung, in einer Bindung an ein Ideal oder in Bindungen innerhalb von Gruppierungen kann das Einssein im Verlauf der weiteren Entwicklung entweder als reife Liebe oder als Wirgefühl seinen Ausdruck finden.

Die Fähigkeit zu reifer Liebe ist eine Kraft, die sich im *Gebenkönnen* äußert und die die Grundelemente von Fürsorge, Verantwortungsgefühl, Respekt und Erkenntnis enthält. Es ist die notwendige Antwort auf die Angst vor dem Getrenntsein und die Suche nach dem Einssein.

Damit ein Kind diese Fähigkeit zu reifer Liebe und zur Solidarität mit anderen entwickeln kann, braucht es Eltern und Erzieher, die selbst eine Liebe zum Leben entwickelt und die ein hohes Maß an Persönlichkeitsentwicklung erreicht haben. *Die Liebe zum Leben ist genauso ansteckend wie die Angst vor dem Leben.*

Sicher wird es Ihnen schon aufgefallen sein, dass ich im Titel dieses Kapitels gegen unsere sonstige Hör- und Sprechgewohnheit nicht das Geben an den Anfang gesetzt habe. Wenn wir vom Kind und seinen Entwicklungsaufgaben her argumentieren, müssen wir mit dem *Nehmen* beginnen, denn *ohne bedingungslos genommen und bekommen zu haben, fällt es schwer zu geben.*

Eine Dialektik zwischen Geben und Nehmen lässt sich nur für diejenigen herstellen, die selbst satt geworden sind. Nur sie können die Perspektive für die Belange der anderen frei halten – das gilt übrigens für alle Phasen des Lebenszyklus, lebenslang.

7.2 Rechte der Kinder

Da Janusz Korczak wusste, dass wir Erwachsenen nicht freiwillig auf unsere Privilegien und unsere Macht gegenüber Kindern verzichten, appellierte er nicht an den Erzieher, das Kind zu achten. Er ging einen entscheidenden Schritt weiter, indem er die Magna Charta Libertatis als ein Grundgesetz für Kinder forderte. Korczak formulierte die Rechte der Kinder lange bevor 1959 die UN-Deklaration und dann endlich 1989 die UN-Konvention als völkerrechtliches Gesetz Kinderrechte festlegte. Hier geht es um Schutz, die Beteiligung von Kindern und die Bereitstellung von Hilfen.

Das Kind durch Rechte zu schützen bedeutete für Korczak in erster Linie, die Erfahrungen des Kindes und damit sein Anderssein, seine Individualität und sein Kindsein zu schützen.

Korczak verlangte eine dialogische Beziehungsstruktur zwischen Erwachsenen und Kindern, in der *das Recht auf Achtung* oberste Priorität hat.

„Ich fordere die Magna Charta Libertatis, als ein Grundgesetz für das Kind. Vielleicht gibt es noch andere – aber diese drei Grundrechte habe ich herausgefunden:

„a) Das Recht des Kindes auf seinen Tod

b) Das Recht des Kindes auf den heutigen Tag

c) Das Recht des Kindes, so zu sein, wie es ist."[4]

Diese Rechte sollen das Kind vor dem Zugriff der Erwachsenen durch Wissenschaft, Psychologisierung, Pädagogisierung, Scheinliebe und Leistungsanforderungen schützen. Die Radikalität seiner Forderungen wird m.E. besonders durch den ersten Punkt deutlich. Indem er das Recht auf einen eigenen Tod fordert, stellt er das eigene Leben mit seinen Wagnissen und Risiken in die Eigenverantwortung des Kindes.

Dem Erwachsenen wird damit zugemutet, Ängste um das Leben des Kindes und eigene Vorstellungen von dem geraden, gefahrlosen Weg in eine glückliche Zukunft des Kindes genau zu überprüfen und, falls nötig, zu Gunsten *neuer Einstellungen* zu revidieren. Damit würden die vielfältigen

---

[4] Korczak, J.: Wie man ein Kind lieben soll, 1967, S. 40

kindlichen Erfahrungsmöglichkeiten geachtet und ihnen Raum gegeben. Bereits 1919 postulierte Janusz Korczak in seinem Werk „Wie man ein Kind lieben soll" diese Grundrechte für Kinder. Korczak war es Zeit seines Lebens ein Anliegen, Kinder als eigenständige Individuen zu achten. Als Anwalt der Kinder lebte er mit ihnen und entwickelte demokratische Formen von Kindermitbeteiligung und Selbstverwaltung. So gab es in seinen Waisenhäusern Kindergerichte, eine Kinderzeitung und Selbstverwaltungsgremien.

Die Forderung nach Selbstbestimmung und Eigenverantwortung des Kindes wird in dem „Recht des Kindes auf seinen eigenen Tod" radikal formuliert. Für uns auf den ersten Blick befremdlich und nicht so schnell nachvollziehbar, meint Korczak damit u.a., dass Erwachsene Kindern durch ihre Angst und Fürsorge wesentliche Erfahrungs- und Lebensmöglichkeiten nehmen.

Korczaks Deklaration konnte zu seiner Zeit nicht weiter umgesetzt und realisiert werden. Erst 1959 wurde in der „Erklärung über die Rechte des Kindes" durch die Vereinten Nationen festgelegt, dass es für Kinder, der menschlichen Würde entsprechend, bürgerliche Rechte gibt. Hierzu gehören die Rechte auf Freiheit, auf Erziehung und Bildung, angemessene Versorgung, Liebe und Zuwendung, als auch der Schutz vor Diskriminierung und Gewalt. Vergleicht man diese zehn Artikel mit dem, was Janusz Korczak bereits dreißig Jahre zuvor gefordert und gelebt hat, muss man enttäuschend feststellen, dass der Anspruch weit hinter Korczak zurückgeblieben ist. Das Recht, als einmaliger Mensch, der keinem Entwurf entsprechen muss, wahrgenommen zu werden, der Geheimnisse und Träume haben darf, das Recht auf Zeit, auf Raum, auf lebendige Umgangserfahrungen, auf Trauer und Schmerz, das Mitspracherecht in allen das Kind betreffenden Lebensbereichen – alle diese Rechte kamen nicht vor. Janusz Korczak hielt gerade sie aber für unentbehrlich und erachtete es für notwendig, Erwachsene zu verpflichten, diese Rechte einzuhalten. 70 Jahre dauerte es, bis Korczaks Forderung zumindest teilweise realisiert wurde: in einer verbindlichen Rechtsform wurden 1989 einstimmig von der UN-Vollversammlung persönliche, soziale, sittliche, kulturelle und politische Rechte für Minderjährige verabschiedet. Damit wurde der Kindheit ein eigener Wert eingeräumt und gesetzlich verankert, was Korczak schon Jahrzehnte vorher postuliert hat.

Bis heute ist es aber nicht gelungen, dass Kinder oder ihre Vertreter diese Rechte auch einklagen können. Es geht eher um eine ethische Bedeutung, als um einen juristischen Wert. So ist es immer noch möglich, dass es sowohl in unserem Land als auch in den inzwischen 178 Mitgliedstaaten der UN unzählige Kinder gibt, die misshandelt, ausgebeutet und diskriminiert werden.

Kinder haben ein unveräußerliches Recht auf Schutz und Förderung. Nicht zuletzt durch die UN-Deklaration über die Rechte der Kinder ist die Sensibilität bei vielen Erwachsenen gestiegen, wenn es um Persönlichkeitsverletzungen von Kindern geht. Für die Wahrung der Rechte von Kindern setzen sich heute Kinderkommissionen und Kinderbeauftragte ein. Kinderinteressenverbände, wie z.B. der Deutsche Kinderschutzbund fordern und praktizieren politisches und gesellschaftliches Handeln, damit Kinder in ihren Entwicklungsmöglichkeiten unterstützt werden. Wie es möglich wird, die Kinderrechte auch in der Öffentlichkeit und für die Kinder selbst bekannt zu machen, hat die Journalistin Bergit Fehsenfeld eindrücklich dargestellt.[5]

Eine wesentliche Voraussetzung dafür, Kinder zu achten, ist es, sich selbst dem schmerzhaften Prozess zu unterziehen, das Kindliche und Schwache in sich lebendig zu halten und den Zugang dazu nicht durch unsere starren Erwachsenenrollen zu verstellen. Auf die Frage: „Wer kann Erzieher werden?" antwortet Korczak: „Alle Tränen sind salzig, wer das begreift, kann Kinder erziehen, wer das nicht begreift, kann sie nicht erziehen."[6]

In Korczaks Roman „Wenn ich wieder klein bin" beschreibt er, wie ein Lehrer, der sich wieder in ein Kind verwandeln lässt, nun aus der Doppelperspektive des erfahrenen Erwachsenen und des abhängigen Kindes, einerseits unter den Methoden und Erziehungsmaßnahmen der Eltern und

---

[5] Fehsenfeld, B.: Presse- und Öffentlickeitsarbeit für Kinderrechte. Ein Praxisbuch, Mühlheim 1997

[6] Korczak, J.: Von Kindern und anderen Vorbildern, S. 119

Lehrer zu leiden hat und sich andererseits als eben dieser Lehrer selbst entlarven muss.

Erst in der Auseinandersetzung mit dem Erwachsenen als authentischer Person und den von ihm repräsentierten Normen und Werten kann sich der Jugendliche zur eigenen geistigen Reife entwickeln. In dieser *„Präsentation von Lebensformen"* (Mollenhauer) sind Selbsterziehung und Selbsterkenntnis eine unverzichtbare Vorbedingung für die Begegnung mit dem Kind.

7.3 ... und wie ist es mit den Pflichten?

Immer häufiger kann man im Zusammenhang mit der Diskussion um ansteigende Kinderkriminalität, um das Anspruchsdenken und die Konsumorientierung bei Kindern hören, dass die Einführung von Kinderrechten zu weit ginge. Wo bleiben die Pflichten? Was ist mit dem Verantwortungsgefühl und dem sozialen Verhalten? Rechte ohne Pflichten kann es nicht geben.

Der Ruf nach Disziplin und Pflichterfüllung, nach mehr Drill, Unterordnung und dogmatischen Regeln ist keine angemessene Antwort auf die Frage, wie Kinder mehr Verantwortungsgefühl entwickeln können. Es ist dargestellt worden, wie eng Nehmen und Geben in der kindlichen Entwicklung zusammengehören, auch wenn dem Kind vorrangig das Nehmen zusteht. Bereits im Säuglingsalter ist es ein ureigenes Bedürfnis zu geben. Je älter das Kind wird, desto mehr sucht es Verantwortungsbereiche auf. Von daher muss der den Kindern von der Rechtsordnung zugesprochene Entwicklungsraum auch für Lernprozesse im Bereich der Verantwortungsübernahme genutzt werden, d.h. Kinder müssen schon sehr früh die Chance erhalten, ihnen angemessene Aufgaben zu übernehmen und dafür Anerkennung zu bekommen. Es ist ein Teil ihres Rechtes, dass sie die Übernahme von Verantwortung in überschaubaren Lebenszusammenhängen *lernen dürfen*, damit sie behutsam in die ihnen gemäßen Aufgaben hineinwachsen können.

Ich denke hierbei nicht an eine blinde, von außen angeordnete Pflichter-füllung, die ihren Sinn nur in sich selbst hat, und die den Blick verschließt für die eigentlichen Erfordernisse von Situationen. Solch eine Pflichterfül-lung durch Erziehung zu wecken, hieße, zu unreflektiertem Tun zu verlei-ten. Durch unsere nationale Vergangenheit sollten wir diesbezüglich be-sonders kritisch und wachsam sein, besonders dort, wo „Musterstaaten" gefordert werden. Albin Zollinger hat eine solche Beobachtung dargestellt: „Ich kannte einen Volksschullehrer, der hatte den schönsten Musterstaat aus seiner Klasse gemacht, keineswegs etwa durch das Mittel des Prügel-stocks, so augenfällig stellte sich das nicht dar ... er hatte eine drakonische Art, zu Nächstenliebe, Dienstfertigkeit, Fleiß und Ernst anzuhalten, bei-nahe ausschließlich durch eine *suggestiv dirigierte Selbstregulierung* der Kin-der, welche sich gegenseitig in eben diesen Tugenden beaufsichtigten, an-spornten und überboten ... Ihr Klassengeist stank zum Himmel. ... *Fanatismus und Unterordnung* unter ihren Zaubermeister glühte ihnen im Auge; ich bezweifle nicht, dass sie jederzeit *für ihn und das Prinzip,* das ihn düster umgab, in den Krieg gezogen wären. Dabei organisierten sie einen Arbeitsdienst im Dorfe, sie gruben der Witwe den Garten um, lasen dem Blinden die Bibel vor, sangen in Spitälern ihre Lieder."[7]

Wenn Prinzipien Vorrang vor dem Lebendigen haben, führt der Pflicht-begriff zu problematischen fremdbestimmten Handlungen.

Pflichterfüllung, die entwicklungsfördernd ist, bezieht sich auf eine be-stimmte Art des Zusammenlebens mit allem Lebendigen. Jede Art der Be-ziehung, sei es zu Menschen, Pflanzen, Tieren, der Natur, aber auch zu Dingen, zur „Welt", hat einen besonderen Pflichtenkanon, einen Anruf, der in jedem einzelnen Fall neu wahrgenommen werden muss. Wie die Anrufe, die sich aus der Situation oder der Sache ergeben, zu beantworten sind, ist in einer Gemeinschaft immer wieder neu zu bestimmen oder aus-zuhandeln. Miteinander leben bedeutet Mitverantwortung zu tragen.

Der Ursprung des Wortes Pflicht geht zurück auf des Wort „pflegen". Erst

---

[7] Zollinger, A.: Musterstaaten, in: Bichsel, P.: Die Schule, ein Dilemma, Das Plateau 31, 2. Ausg. 1995

wenn ich etwas pflege, mache ich es mir vertraut, beginne es zu achten und setze ich mich dafür ein, „pflichten" hat darüber hinaus die Bedeutung, „in einem Dienstverhältnis stehen, oder jemanden in ein Dienstverhältnis nehmen, ihn verpflichten." Aus der Verpflichtung ergibt sich eine Verantwortung innerhalb eines Dienstes.

Interesse am Tun und Sein des Kindes sind dabei ebenso entwicklungsfördernde Haltungen von Eltern und Erziehern, wie Grenzsetzung einerseits und die Bereitstellung zur Übernahme sinnvoller Aufgaben andererseits. Nur durch Akzeptanz und die positive Erfahrung bewältigter Aufgaben wird das Selbstwertgefühl eines Kindes gestärkt.

Eine so verstandene *Pflichtübernahme* wird in überschaubaren Zusammenhängen durch Einübung im Alltag gelernt und dient der Kompetenzerweiterung, der Selbstbestätigung und Sinnorientierung. Werden die Aufgaben als sinnvoll erlebt, dann entwickelt sich daraus eine unausweichliche Selbstverpflichtung. Die Herausforderungen und Zumutungen von Situationen sind Anrufe des Leben und keine direktiven Anweisungen, die von Dritten kommen. Der Alltag selbst, mit seinen lebendigen Umgangssituationen, mit den Dingen des Lebens und den mitmenschlichen Beziehungen beinhaltet in sich eine ontologische Herausforderung und Verpflichtung. Diese gilt es wahrzunehmen und darauf zu reagieren. In einem Klima gemeinschaftlicher Verantwortung werden Kinder ermutigt, ihre Umwelt zu gestalten, Neues zu entdecken und selbst Dinge zu schaffen. Durch die Erfüllung bestimmter Pflichten innerhalb einer Gemeinschaft erfahren sie sich als wichtige Mitglieder einer Gruppe.

Dieser Pflichtbegriff kann nicht ohne eine entsprechende Rechtsgrundlage gedacht, geschweige denn gelebt werden. Das bedeutet, dass es für Kinder und Erwachsene einen *verbindlichen Rechtsanspruch* geben muss, sich den Herausforderungen des Lebens unmittelbar stellen zu dürfen.

Werden Kinder vom gesellschaftlichen Leben ausgeschlossen, oder werden ihnen Lebensräume, Mitbeteiligungs- und Mitbestimmungsmöglichkeiten vorenthalten, können sie ihre sozialen Rollen nicht einüben.

Empathiefähigkeit, Perspektivwechsel, Frustrationstoleranz, Konfliktfähigkeit und Aushandelkompetenzen, Verantwortung und Übernahme von Pflichten werden vorwiegend in Beziehungsstrukturen gelernt, die *Bindung und Autonomie* ermöglichen.

Sind die Entwicklungsvoraussetzungen, wie wir sie bisher beschrieben haben, erfüllt, dann werden Kinder den Herausforderungen des Lebens mit Lebenslust und Lebensfreude begegnen können. Und nur dann entwickeln sie Mut zum Leben und sind zur Übernahme von *Pflichten aus intrinsischer Motivation* heraus bereit, wie Goldmarie in dem Märchen von Frau Holle. Goldmarie landet in dem Land von Frau Holle und hört, wie sich das Leben um sie herum an sie wendet. Das gebackene Brot ruft: „Zieh mich heraus, zieh mich heraus!" Goldmarie stellt sich dem Ruf, indem sie tut, was sie im Moment als ihre Aufgabe wahrnimmt, ebenso verhält sie sich bei den Apfelbäumen, die voller Obst hängen und rufen: „Rüttle mich, schüttle mich!" Auch hier hält sie in ihrem Weg inne und geht der Aufforderung des Lebens an sie nach. Bei Frau Holle übernimmt sie Pflichten, die diese ihr zumutet. Als Lohn für ihre Arbeit wird sie auf dem Weg nach Hause mit Gold überschüttet. Wie anders verhält es sich mit der verwöhnten Pechmarie, die von der ehrgeizigen, neidischen Mutter in das Erfolg versprechende Land gestoßen wird. Achtlos geht sie an dem Brot und den Apfelbäumen, die ihr zurufen, vorbei. Sie hat im Gegensatz zu Goldmarie nicht gelernt, mit Herausforderungen des Lebens umzugehen. Stattdessen interessiert sie sich lediglich für das vermeintliche Ziel – Gold, d.h. für sie Genuss sofort! Schnelles Lebensglück und Erfüllung ohne Anstrengung. Als sie auch bei Frau Holle ihre Aufgaben (Lebensaufgaben) nicht wahrnimmt und keine Pflichten übernimmt, erhält sie beim Durchgang durch das Lebenstor Pech statt des erwarteten Lebensglückes. Ein Märchen nur? Was hat es mit dem Thema Pflichten zu tun? Für mich liegt die Weisheit dieses Märchens u.a. darin, dass die kleinste, aber eigene mutige Entscheidung und Autonomieerfahrung von heute, der Impuls für die Übernahme von Verantwortung im weiteren Lebensvollzug sein kann. Die existenzielle Grundhaltung einer Goldmarie ist die, sich vom Leben befragen zu lassen, sich dem Leben mit seinen Aufforderungen und Erfordernissen zu stellen. Goldmarie erkennt die Notwendigkeiten, die sich aus dem Alltag, aus einem gemeinschaftlichen Leben und aus der Umwelt ergeben.

Im Gegensatz dazu steht die „Nullbock-Haltung" einer Pechmarie. Sie entzieht sich der konkreten Lebensfrage oder nimmt sie gar nicht mehr wahr. Sollen doch die anderen, die auch bisher über mich und mein Leben entschieden haben, das Brot aus dem Ofen holen, die Äpfel auflesen, die Betten ausschütteln. Pflicht will als konkrete Lebensaufforderung gehört werden, und zwar nicht nur mit den Ohren, sondern mit allen Sinnen.

Aber können wir der Pechmarie einen Vorwurf machen, dass sie an den Zumutungen des Lebens vorbeigegangen ist und sich die Hände nicht schmutzig machen wollte? Vielleicht hatte sie eine Mutter, die ihr alles Anstrengende und Mühsame abgenommen hat. Oder sie hat erlebt, dass ihre Eltern, die es selbstverständlich immer nur gut mit ihr meinten, ihr Leben geplant, strukturiert und nach eigenen Entwürfen gestaltet haben. Eine Freigabe zum Selbstsein mit individuellen Erfahrungs- und Handlungmöglichkeiten hat sie möglicherweise nie erlebt. Weniger die Demut vor den geheimnisvollen Lebensvollzügen des sich entwickelnden Kindes war möglicherweise die pädagogische Leitlinie der Mutter einer Pechmarie als vielmehr der Unmut darüber, dass sich hier ein Leben nach ganz anderen Gesetzen als den eigenen entfalten, entwickeln wollte. Eltern und Erzieherinnen als Planerinnen und Macherinnen von Kinderwelten nehmen Kindern das Recht auf ein eigenes Leben.

Ist es ein Wunder, wenn unsere Pechmarie kaum noch die Fragen des Lebens hören kann und auch die Zumutungen anderen überlässt und damit den Mut verliert zu handeln, zu entscheiden, Verantwortungen zu tragen – zu leben.

Es ist unsere Pflicht als Erwachsene, Kindern zu ihrem Recht zu verhelfen, sich körperlich, geistig, seelisch, sittlich und sozial entwickeln zu können.

Es hängt weitgehend von der Kompetenz und Reife von uns Erwachsenen, von unserem Vorbild im Umgang mit Pflichten und von den ökonomischen und den kulturell-gesellschaftlichen Voraussetzungen ab, wie und ob Kinder in der Lage sind, Pflichten zu übernehmen.

Es ist unsere Aufgabe, den Entwicklungs- und Erfahrungsraum dafür zur Verfügung zu stellen, und Kindern „nicht den Weg zu verrammeln"[8], der sie zu ihrer individuellen Entwicklung führt.

„Sehen, Fragen stellen und auf Fragen antworten – das ist der Inhalt unseres Lebens, das ist der Inhalt unserer neuen Pädagogik!"[9]

[8] Pestalozzi, J.H.: Sämtliche Werke, Kritische Ausgabe begründet von Buchenau, A./ Spranger, E./Stettbacher, H., Berlin/Zürich 1972ff, Bd. XIII; S. 244
[9] Korczak, J.: Begegnungen und Erfahrungen, 1973, S. 30

Literatur

Ariès, P.: Geschichte der Kindheit, München 1978

Baacke, D.: Die 6–12-Jährigen, Weinheim 1991

Baumgart, M.: Das Vaterbild in Kontinuität und Wandlung, Stuttgart 1986

Baumgart, M.: Psychoanalyse und Säuglingsforschung: Versuch einer Integration unter Berücksichtigung methodischer Unterschiede, Psyche 45, S. 780–809, 1991

Beck, U.: Risikogesellschaft, Frankfurt 1986

Beck,U./Beck-Gernsheim, E.: (Hg.): Riskante Freiheiten, Frankfurt 1994

Beck, U.: in: Die Zeit, 23. 8. 1996

Behr, W.: Jugendkrise und Jugendprotest, Stuttgart 1982

Belli, G.: Tochter des Vulkans, München 1986, 8. Aufl.

Biermann, G.: Die psychologische Situation des Kindes im Krankenhaus, in: Opitz, H. und Schmidt, F. (Hg.): Handbuch der Kinderheilkunde, Bd. VIII/1. S. 1014–1027, Berlin 1969

Bly, R.: Die kindliche Gesellschaft. Über die Weigerung, erwachsen zu werden, München 1997

Brecht, B: Geschichten vom Herrn Keuner, Frankfurt, 1967

Bronfenbrenner, U.: Ökologische Sozialisationsforschung, Stuttgart 1976

Bronfenbrenner, U.: Die Ökologie der menschlichen Entwicklung, Stuttgart 1981

Dornes, M.: Der kompetente Säugling, Frankfurt 1993

Erikson, E.: Identität und Lebenszyklus, Frankfurt 1981, 7. Aufl.

Ernst, H.: Psychotrends. Das Ich im 21. Jahrhundert, München 1996

Esser. G., Weinel, H.: Vernachlässigende und ablehnende Mütter in Interaktion mit ihren Kindern, in: Martinius, J., Frank, R. (Hg.): Vernachlässigung, Missbrauch und Misshandlung von Kindern (Erkennen, Bewusstmachen, Helfen), Bern 1990

Fehsenfeld, B.: Presse- und Öffentlichkeitsarbeit für Kinderrechte. Ein Praxisbuch, Mühlheim 1997

Frädrich, J./Jerger-Bachmann, L.: Kinder bestimmen mit, Kinderrechte und Kinderpolitik, München 1995

Frank, H.: Wege aus der Gewalt, Neuwied 1996

Fromm, E.: Die Kunst des Liebens, Frankfurt/Berlin, 1956, 45. Aufl. 1993

Fromm, E.: Haben oder Sein, München, 1. Aufl. 1976, 22. Aufl. 1993

Gerber, C.: LügenLeben, Die erschütternde Geschichte einer gutbürgerlichen Kindheit, München 1995

Geschäftsstelle der Deutschen Nationalkommission für das internationale Jahr der Familie (Hg.), Familienreport, Bonn 1994

Graber, H.J./Kruse, F.: Vorgeburtliches Seelenleben, München 1973

Graf, L. u.a.(Hg.): Die Blumen des Blinden. Kurze Geschichten zum Nachdenken, München 1983

Greese, M.: Vom Wettlauf mit der Zeit, in: Praxis, Spiel und Gruppe, Zeitschrift für Gruppenarbeit, 4/1997, S. 153–156

Harlow, H.F. und Harlow, M.D.: The affectionate systems, in: Schrier, A.M. u.a. (Hg.): Behavior of nonhuman primates, Vol. 2, New York 1965

Harris, P.L.: Das Kind und die Gefühle, Wie sich das Verständnis für die anderen Menschen entwickelt, Bern 1992

Hebel, J.P.: Seltsamer Spazierritt, in: Graf, L. u.a. (Hg.): Die Blumen des Blinden, Kurze Geschichten zum Nachdenken, München 1983, S. 31–32

Hentig, H.: Vorwort in: Ariès, P.: Geschichte der Kindheit, München 1978

Institut für soziale Arbeit e.V. (Hg.): Familien in Krisen, Kinder in Not, Materialien und Beiträge zum ISA-Kongress 28.–30. 4. 1997 in Düsseldorf, Münster 1997

Juul, J.: Das kompetente Kind, Hamburg 1997

Keupp, H./Höfer, R.: Identitätsarbeit heute, Frankfurt 1997

Keupp, H.: Diskursarena Identität: Lernprozesse in der Identitätsforschung, in: Keupp, H./Höfer, R.: Identitätsarbeit heute, Frankfurt 1997

Köhler, L.: Neuere Ergebnisse der Kleinkindforschung, For. Psychoanal. 6., 1990

Korczak, J.: Wie man ein Kind lieben soll, Göttingen 1967

Korczak, J.: Das Recht des Kindes auf Achtung, Göttingen 1970

Korczak, J.: Begegnungen und Erfahrungen, Göttingen 1973

Korczak, J.: Von Kindern und anderen Vorbildern, Gütersloh 1979

Korczak, J.: Verteidigt die Kinder, Gütersloh 1981

Langmaaack, B./Braune-Krickau, M.: Wie die Gruppe laufen lernt, Weinheim 1995, 5. Aufl., Mahler et al, 1982

März, F.: Problemgeschichte der Pädagogik, Bd.II, Bad Heilbrunn 1980

Martinius, J./Frank, R. (Hg.): Vernachlässigung, Missbrauch und Misshandlung von Kindern (Erkennen, Bewusstmachen, Helfen), Bern 1990

Maslow, A.H.: Motivation und Persönlichkeit, Freiburg 1978, 2. überarb. Aufl.

Matussk, M.: Der entsorgte Vater, in: Der Spiegel, 47/1997

Ministerium für Arbeit, Gesundheit und Soziales des Landes NRW, Kinderrechte! Kinderpflichten? Tagungsdokumentation, Düsseldorf 1997

Mitscherlich, A.: Auf dem Wege zur vaterlosen Gesellschaft, München 1963

Mollenhauer, K.: Vergessene Zusammenhänge. Über Kultur und Erziehung, München 1983

Neubauer, G./Sünker, H. (Hg.): Kindheitspolitik international, Opladen 1993

Nickel, H./Schmidt-Denter, U.: Vom Kleinkind zum Schulkind, München 1991, 4. Aufl.

Oerter, R./Montada, L.: Entwicklungspsychologie, Weinheim 1987/1995

Pestalozzi, J.H.: Gesammelte Werke in zehn Bänden, in:. Bosshart, E. u.a. (Hg.), Zürich 1944

Pestalozzi, J.H.: Sämtliche Werke, Kritische Ausgabe begründet von Buchenau, A./Spranger, E./Stettbacher, H., Berlin/Zürich 1972ff

Portmann, A.: Zoologie und das neue Bild des Menschen, Hamburg 1956

Portmann, A.: Biologische Fragmente zu einer Lehre vom Menschen, Basel 1969, 3. Aufl.

Rauschenbach, T.: Soziale Arbeit in der Risikogesellschaft, in: Beck,U./ Beck-Gernsheim, E. (Hg.): Riskante Freiheiten, Frankfurt 1994, S. 89–106

Richter, H.-E.: Eltern-Kind-Neurose, Stuttgart 1969

Richter, H.-E.: Der Gotteskomplex. Die Geburt und die Krise des Glaubens an die Allmacht des Menschen, Hamburg 1986

Riemann, F.: Grundformen der Angst, Eine tiefenpsychologische Studie, München 1992, Erstaufl. 1961

Rolff, H.G./Zimmermann, P.: Kindheit im Wandel, Weinheim 1985

Rousseau, J.J.: Emile oder über die Erziehung, Paderborn 1987, 8. Aufl.

Schmidtchen, S.: Kinderpsychotherapie – Grundlagen, Ziele, Methode, Stuttgart 1989

Schon, L.: Entwicklung des Beziehungsdreicks Vater-Mutter-Kind, Stuttgart 1995

Schone, R. u.a.: Kinder in Not, Vernachlässigung im frühen Kindesalter und Perspektiven sozialer Arbeit, Münster 1997

Schulze, G.: Die Erlebnisgesellschaft, Frankfurt 1993

Schwarz, K.: in: Zeitschrift für Bevölkerungswissenschaft (3/95)

Sontag, L.W./Walace, R.F.: The movement response of human foetus to sound stimuli, in: Child Develspement 1935, 6, S. 253–258

Thiersch, H.: Die Erfahrung der Wirklichkeit, Perspektiven einer alltagsorientierten Sozialpädagogik, München 1986

Thomas, R./Feldmann, B.: Die Entwicklung des Kindes, 1989

Tress, W.: Das Rätsel der seelischen Gesundheit, Göttingen 1986

Tschöpe-Scheffler, S.: Liebe und ihre Bedeutung für die Erziehung in der Pädagogik Johann Heinrich Pestalozzis und Janusz Korczaks, Frankfurt 1990

Tschöpe-Scheffler, S.: Was Zumutungen mit dem Mut zum Leben zu tun haben, in: Praxis Spiel und Gruppe, Zeitschrift für Gruppenarbeit, 1/1994, S. 10–13

Tschöpe-Scheffler, S.: Pestalozzi – Leben und Werk im Zeichen der Liebe, „Versuchet die Liebe, die eure Pflicht ist!", Berlin 1996

Tschöpe-Scheffler, S.: Die Familie ist tot – es lebe die Familie, in: Theorie und Praxis der Sozialpädagogik, 5/97, S. 302–308

Tschöpe-Scheffler, S.: Kinder brauchen Wurzeln und Flügel – Vom Nehmen und Geben in der kindlichen Entwicklung, in: Kinderrechte! Kinderpflichten? Tagungsdokumentation, Hrsg. Ministerium für Arbeit, Gesundheit und Soziales des Landes NRW, S. 21–47, Düsseldorf 1997

Watzlawick, P.: Wie wirklich ist die Wirklichkeit? Wahn, Täuschung, Verstehen, 4. Aufl. München 1976

Wendland, J.: Shell-Jugendstudie, Abgeklärte Pessimisten, in: DS, Nr. 20, 16. Mai 1997

WHO Rundschreiben: Life-skills, MNH/NLSL 95 1–3,8/94

Wild, R.: Sein zum Erziehen, Heidelberg 1991

Ziehe, T: Pubertät und Narzissmus, Frankfurt/Köln 1981 (4. Aufl.)

Ziehe, T.: Zeitvergleiche, Jugend in kulturellen Modernisierungen, Weinheim 1991

Zollinger, A.: Musterstaaten, in: Bichsel, P.: Die Schule, ein Dilemma. Das Plateau 31, 2. Ausg. 1995

Ein altes Fest neu entdeckt

Helmut Tschöpe /
Sigrid Tschöpe-Scheffler
Weihnachtslust –
Weihnachtsfrust
Gefühle, Sehnsüchte und Erfahrungen
rund um ein altes Fest
1997. 112 S. Kt.
ISBN 3-7867-2039-8

Weihnachten ist ein Fest, das uns wie kein anderes berührt. Und damit auch die Frage: Wie gestalten wir dieses Fest? Als Denkanstoß und Hilfe finden Sie in diesem Buch Erfahrungsberichte vom Fest einer Großfamilie bis zur Flucht nach Australien; eine kleine Umfrage unter StudentInnen zu Weihnachtssehnsüchten und -gewohnheiten; nicht abgeschickte Weihnachtsbriefe, eine kurze Weihnachtspredigt sowie eine Antwort auf die Frage, wie wir der emotionalen Seite dieses Festes etwas abgewinnen können, ohne in traditionellen Ritualen zu ersticken. Zwischendurch meldet sich ein Weihnachtsengel zu Wort, der uns auf das aufmerksam macht, was wirklich wichtig ist.

Matthias-Grünewald-Verlag · Mainz

Originelle Ideen
für die Kindergeburtstagsfeier

Birgit Nawrath /
Erika Wecker
Kindergeburtstag –
einmal anders
Spielaktionen für Kinder von 3–12
1997. 88 S. Kt.
ISBN 3-7867-1998-5

Eine lustige und spannende Alternative zu den üblichen Kindergeburtstagen sind unter ein Thema gestellte Spielaktionen. Dieses Buch ist eine Fundgrube für Mütter und Väter, die gern mit Kindern spielen und feiern, aber auch für ErzieherInnen, die Anregungen für Spielaktionen bei Festen suchen, GrundschullehrerInnen, die gern mal ein Klassenfest feiern und LeiterInnen von Kindergruppen. Die einzelnen Aktionen sind ausführlich beschrieben, Altersgruppe, Ort, Vorbereitungen und ungefähre Spieldauer auf einen Blick erkennbar, so dass schnell die geeignete Spielaktion herausgesucht werden kann.

Matthias-Grünewald-Verlag · Mainz